KB206089

다바르말씀학교
국내성지순례이야기 2
#제주편

칼 귀츨라프의 꿈

임경묵 지음

다바르
Dabar Bible School

고대도 앞바다

칼 귀츨라프의 꿈 제주편

임경묵 지음

다바르
Dabar Bible School

목차

강병대교회

추천사 ㅣ

임경묵 목사의 『칼 귀츨라프의 꿈』은 제주 순례 이야기입니다. 2년 전, 저자는 강화 순례 이야기를 『경계에 선 사람들』로 엮어낸 적이 있습니다. 강화 순례를 통해 저자는 왜 하나님께서 복음을 변두리에서 시작하게 하셨는지 묻고 깊은 성경의 메시지를 역사의 현장에서 찾고자 했습니다. 저자는 강화 순례를 통해 사도행전과 같은 성경 역사의 재현을 체험합니다. 마찬가지로 저자의 두 번째 순례 이야기인 『칼 귀츨라프의 꿈』 역시 복음과 낯선 우리의 삶을 복음의 현장으로 친절하게 안내해 줍니다.

저자는 '칼 귀츨라프'(Karl F. A. Gützlaff)라는 사람이 누구이기에 제주 순례 이야기책 제목에 등장하는지 독자의 관심을 기울이게 합니다. 칼 귀츨라프는 한국에 주재하는 선교사들이 들어오기 반세기 전에 선교의 가능성을 탐지하기 위해 한국에 처음 발을 디딘 선교사로 알려져 있습니다. 의사이며 목사였던 칼 귀츨라프는 1832년 7월 요동 반도를 거쳐 마카오에 이르는 선교거점 확보를 위한 항해의 통역, 선의(船醫), 선목(船牧) 등의 자격으로 한국의 서해안을 여행한 적이 있습니다.

그해 8월 17일 칼 귀츨라프는 제주해협을 통과할 때, 아름다운 제주를 바라보며 품었던 꿈을 그의 책에 남겼습니다. "이 섬에 공장을 세우면 국제적인 무역의 중심지가 될 수 있을 것이다. 만일 그것이 실현되지 않는다면 선교기지를 세우지 말란 법이 있을까?" 그는 무역선의 안내자답게 '선교와 상업'을 연관하여 사고하는 면모를 보여 주었습니다. 사실 지도를 거꾸로 놓고 살펴보면, 제주도는 동북아시아의 대문과도 같습니다. 제주해협은 일본, 조선, 만주 그리고 중국을 연결하고 전 세계를 향해 열려있는 곳입니다.

칼 귀츨라프의 꿈은 이렇게 이어집니다. "진실된 한 가지는 이 섬들이 기독교를 접할 수 없는 곳이 아니라는 사실이다." 저자 임경묵 목사는 『칼 귀츨라프의 꿈』을 통해 어떻게 제주에 복음이 전파되었는지 밝히며 하나님의 섭리를 보여 줍니다. 저자는 관련된 연구 서적들을 자세히 읽었고, 수차례 현장을 답사하고 묵상하였으며, 사람들의 증언을 엮고 엮어서 제주 순례 이야기를 10개의 장으로 구성했습니다. 10개의 이야기 모두가 독자들로 하여금 순례의 속 알맹이에 접근할 수 있도록 안내하고 있습니다.

10개의 이야기엔 제주의 역사와 문화, 제주의 아픔과 고난, 제주의 가치와 아름다움, 제주의 꿈과 미래가 녹아 있습니다. 특별히 근대에서 현대로 이어지는 역사의 길목에서 제주도가 겪었던 사건들이 나타납니다. 1901년 '신축교안'(辛丑教案)과 천주교(天主敎) 선교에 대한 거부감, 1904년 개신교(改新敎) 자생적 신앙공동체의 시작, 1908년 장로교 최초의 7인 목사 중 이기풍 목사의 제주 입도(入島), 1948년에 발생한 4.3 사건, 그리고 6.25 한국전쟁 당시 1.4 후퇴로 수많은 사람이 제주도로 피난한 사건 등입니다. 당시 제주도는 한국의 도피성(逃避城)과 같은 곳이었습니다.

제주 순례 이야기를 통해 독자들은 육지와 분리되었던 제주, 동시에 육지와 연결된 제주에 주목할 수 있습니다. 육지에서 제주로 건너왔던 헌신적인 전도자들과 또 제주 현지인들이 보여 준 복음전파의 기막힌 헌신은 동떨어진 것이 아니라 연결되어 있습니다. 이 연결은 이제 전 세계로 이어져 사도행전의 역사를 진행해 가리라 믿습니다.

그래서 저자는 에필로그에서 이렇게 고백합니다. "'칼 귀츨라프의 꿈'은 단지 꿈이 아닌 현실이 이미 되었습니다. 그의 꿈은 하나님의 꿈이 되어 오늘날 우리가 보게 되었습니다. (지금) 많은 선교 단체와 사역들이 제주를 중심으로 이루어지고 있습니다." 저자의 표현대로 현재의 제주는 세계 선교의 중심으로 자리를 잡아가고 있습니다. 독자들은 하나님의 꿈이 어떻게 이루어지는지 기도하며 기다리며 기대할 수 있을 것입니다.

저자의 귀한 작업이 결실로 이루어진 것을 무한히 기쁘게 생각합니다. 저자의 독특한 눈으로 보는 순례 이야기가 제3, 제4의 열매로 이어지길 바랍니다. 『칼 귀츨라프의 꿈』을 통해 기독교 유적지를 찾는 순례자뿐만 아니라 제주도를 찾는 많은 사람이 지난 역사를 회고하면서 소중한 감명을 받게 되리라 확신합니다.

박정환(순천동명교회 담임목사, 미주장로회신학대학교 겸임교수)

저자의 열정과 노력이 깃든 이 책을 기쁜 마음으로 추천합니다. 저자는 이 책을 통해 단순한 제주 여행이 아닌 순례의 길로 인도합니다. 그곳에서 제주의 선교역사와 문화를 맞이하게 하며 십자가의 길을 앞서 걸어가셨던 순례자들을 만나게 합니다.

제주 사회문화의 관점에서 제주 기독교와 선교를 연구한 목회자로서, 저자의 책 '국내성지순례이야기-제주편'을 아주 흥미롭고 재미있게 읽었습니다. 제주 순례의 길에서 만난 장면들과 이야기들을 저자만의 독특한 해석으로 그 의미를 설명하고 있는데, 제주성지순례 이야기를 '칼 귀츨라프'라는 시각과 함께 사도행전의 재현이라는 관점에서 해석한 부분은 특히 인상적이었습니다. 칼 귀츨라프는 복음이 전하여지지 않은 낯선 이 땅 제주에 대해 선교지를 넘어 선교기지로써의 꿈을 꾸었다고 말합니다. 이러한 관점은 제주가 '탐라'라는 옛 지명으로 해석될 때 올바른 시각이라고 생각합니다. 그것은 과거의 육지 지식인들의 관점에서 벗어나 본래의 '탐라'가 가졌던 가치와 꿈이기도 합니다. 저자는 칼 귀츨라프의 꿈을 함께 꾸며 제주 이야기를 시작합니다.

제주 순례의 길에서 만난 사람들에서 제주 선교의 시작은 이기풍 선교사이지만, 확장은 윤식명 목사로 평가합니다. 그러나 제주 출신의 이도종 목사, 조남수 목사, 강문호 목사와 같은 사람들도 있었다는 것을 기억해야 합니다. 그뿐만 아니라 순수한 복음의 열정을 가지고 헌신했던 수많은 평신도들도 있었다는 것을 우리는 꼭 기억해야 합니다. 그들은 바로 이호리 공동체의 김재원과 금성리 공동체의 조봉호입니다. 또한 김재원과 함께 제주성내교회를 설립한 홍순흥과 김행권, 조천교회의 천아나와 성읍교회의 몇 명의 신자들, 법환교회의 강한준, 모슬포교회의 최정숙과 삼양교회의 신평석, 그리고 한경지역에 김기평과 함께 헌신했던 몇 명의 신자들, 이들 모두는 제주 초기 개신교 역사에 귀한 존재들이며, 오늘의 제주 선교의 산 증인들이기도 합니다.

　이 책의 저자는 제주교회 초기에서부터 한국 전쟁까지 교회 역사를 수집하고 깊이 있게 분석하였습니다. 특별히 교회 설립의 토대가 되었던 평신도들에 대해 귀한 정보들을 제공합니다. 제주 순례의 길에서 만난 옛 신자들의 사랑과 수고가 저자의 사랑의 수고로 재해석되고 오늘 우리 삶 속에 깃들기를 바랍니다. 제주를 사랑하는 순례자들에게 이 책의 일독을 강력하게 권합니다.

제주연구 탐라 원장
고창진 박사

서문

　기도를 할 때에 비로소 기도를 알게 되고, 기도를 배우게 되듯, 순례를 하며 순례를 알게 되고, 순례를 배우게 됩니다. 순례는 무엇일까요? 가장 많이 이야기를 한 것은 변화입니다. 순례는 관광도, 여행도 아닌 변화를 요구합니다. 참된 순례는 우리들에게 순종과 열매와 변화를 가르칩니다.

　이제 순례를 통해서 더 깊이 있게 보게 되는 것은 순례는 증거입니다. 개신교 순례지를 돌며, 더듬을 때마다 안타까운 것은 순례는 유산임에도 불구하고 눈에 보이는 유물들을 찾기 어렵다는 것입니다. '보이는 종교'로서의 천주교와 개신교의 성공회가 남긴 여러 유물들과 비교할 때에 '듣는 종교'로서 다른 개신교에서는 어떠한 유물들을 찾기에 쉽지 않습니다. 이는 역사적으로 우상에 대한 논쟁과 신학적으로 종말론적인 사고에 기인할 것입니다. 그러나 순례를 통해서 알게 되는 것은 이는 '증거'였습니다. 어떠한 사건이 있은 후에 가장 중요한 것은 '증거'입니다. 어떠한 사건도 '증거'를 잃어버리면 그 사건 자체가 묻힐 수 있는 것입니다. 그런데 우리는 많은 '증거'들을 우상으로 정죄하였고, 또한 왜곡된 종말론적 사고로 너무나 가볍게 여겼던 것입니다.

그동안 순례를 하며 감추어 있는 귀한 이야기들을 전하고자 노력하였습니다. 이야기 자체가 유산이기 때문입니다. 그러나 과거로부터 잃어버린 '증거'로서의 유산을 깨닫게 될 때에 아쉬움과 더불어 한국 교회에 이에 대한 새로운 인식의 변화가 필요한 시점이 되었음을 전합니다. 선교 역사 140주년을 맞이하는 한국 교회는 이제는 보이지 않는 증거인 이야기와 더불어 보이는 증거를 더욱 귀히 여겨야 할 것입니다.

강화 순례 이야기인 '경계에 선 사람들'에 이어 제주 순례 이야기인 '칼 귀츨라프의 꿈'을 만 2년 만에 내놓게 되었습니다. '경계에 선 사람들'도 귀했지만 이번 '칼 귀츨라프의 꿈'이 가진 의미는 매우 깊습니다. 무엇보다도 앞선 책이 모델이 되어서 그 연속과 확장을 이루어내었다는 것입니다. 하나의 틀이 생겼고, 이로 말미암아 실제적이며, 구체적인 결과물이 생겼기 때문입니다. 이는 앞으로 미력하나마 한국 교회 순례 이야기를 온전히 이룰 것을 기대하게 합니다.

'칼 귀츨라프의 꿈'은 어떻게 제주에 복음이 전파되었는지를 밝히며 하나님의 섭리를 보여줍니다. 프롤로그와 에필로그를 제외하면 크게 10장을 통해서 제주 선교의 여러 이야기를 다룹니다.

하멜과 귀츨라프를 통한 제주 선교의 서광과 자생적 공동체인 이호리 공동체의 김재원과 금성리 공동체의 조봉호 이야기...

두 장에 걸쳐 전하는 평양대부흥 운동과 이로 말미암은 이기풍 목사님의 입도와 그의 동역자들에 관한 이야기...

천아나를 통해서 살펴보는 조천교회, 성읍교회, 법환교회 이야기...

제주의 첫 번째 목회자와 순교자가 된 이도종 이야기...

삼우로서 교회 사랑 나라 사랑 제주 사랑을 보여준 강문호 이야기...

산남의 거점이 된 모슬포 교회에 담긴 윤식명, 김기평, 조남수 이야기...

한국 전쟁과 제주 교회 이야기...

세계 선교의 전진 기지로서의 제주 이야기...

마지막으로 제주의 문화, 역사 이야기...

이번 '칼 귀츨라프의 꿈'이 나오기까지는 여러 분들의 도움과 섬김이 있었습니다. 먼저 낯선 제주의 여러 만남의 다리 역할을 하여 주신 제주 신성교회의 권오형 목사님께 많은 사랑의 빚을 졌습니다. 부족한 글을 읽고 귀한 추천의 글을 담아 주신 박정환 목사님과 고창진 목사님께도 감사드립니다. 또한 한 번 가기도 힘든 제주를 재정적인 부담 없이 갈 수 있었던 것은 자원하여 비행기 비용을 후원하여 주신 성지순례 여행사인 '에벤에셀'의 김동진 장로님이 계셨기 때문입니다. '경계에 선 사람들'의 레이아웃과 디자인 편집을 자원하여 주셨던 김민정 팀장님의 수고와 헌신이 있었기에 오늘 '칼 귀츨라프의 꿈'에서도 결실할 수 있었고 영원히 기억될 것입니다. 새롭게 합류하여 디자인과 편집에 조언과 도움을 주시는 문성예 팀장님께도 늘 고마운 마음을 전하며, 다바르 말씀사역원에 지속적인 섬김을 지원해 주시는 장원 인쇄의 원병철 안수집사님과 장원의 여러 식구들에게도 감사의 인사를 드립니다.

 잦은 순례 일정으로 원치 않는 오랜 외박을 통해 홀로 세 아이를 돌보며, '남과 사는 것 같다'라는 사랑의 투정을 했던 사랑하는 아내 박신애에게 고맙고 미안합니다. 자신도 모르게 일반목회에서 특수목회의 현장이 되어 버린 주향교회를 섬기는 여러 성도님들께도 더 많은 섬김을 드리지 못함에 대한 죄송스러움과 감사의 말을 전합니다. 마지막으로 변함없이 다바르 말씀사역원을 귀히 여겨주시고, 후원하며 사랑으로 섬겨 주신 다바르 말씀사역원의 회원들에게도 큰 감사의 말을 전합니다. 이 모든 일을 이루시고 이끄시는 하나님 아버지께 영광을 돌립니다.

2024년 3월 집무실에서, 임경묵

| 칼 귀츨라프의 꿈

PROLOG
(프롤로그)

선교지에서 선교기지로
제주

증문 앞바다

프롤로그 / 선교지에서 선교기지로
제주

여행에서 순례로

제주 풍경의 아름다움을 이 작은 소책자에 다 담을 수는 없을 것입니다. 제주는 정말 아름답습니다. 어디에서 찍어도 화보와 같습니다. 제주는 좋은 여행지입니다. 코로나 시대, 해외여행이 힘든 시기에 제주가 있어서 많은 위안이 되었습니다. 우리들에게는 그 어떠한 해외보다도 더 아름다운 제주가 있었기에 코로나 시대에도 잘 견딜 수 있었습니다. 그러나 이 작은 소책자는 여행이 아닌 순례로 인도하고자 합니다. 여행지로만 익숙했던 제주가 새롭게 보이기를 바랍니다.

협재 해변 정취

20

| 칼 귀츨라프의 꿈

순례의 유익: 비본질에서 본질로

순례의 유익은 무엇일까요? 순례는 우리들에게 참된 믿음이란 무엇인가를 찾게 해 줍니다. 본질이 아닌 것에서 본질을 찾게 해 줍니다. 믿음이 아닌 것들이 믿음인 양 되어버린 우리들의 왜곡된 삶에서 참된 믿음을 보게 합니다.

순례를 하다 보면 십자가의 길이 무엇인지를 알게 됩니다. 십자가의 길은 화려한 길도, 행복한 길도, 안전한 길도 아니었습니다. 때로는 낯설고, 불편하고, 힘든 길입니다.

"좁은 문으로 들어가라..."(마 7:13)

우리들의 큰 문제는 영원한 삶에 대한 약속을 바라보지 않으면서 현재의 삶이 영원할 것처럼 살아가고 있다는 것입니다.

우리는 많은 기도를 합니다. 열정으로 기도합니다. 그러나 기도의 본질은 무엇일까요? 기도를 많이 하는 것도, 열정적으로 기도하는 것도 기도의 본질은 아닙니다. 우리는 기도의 본질을 순례에서 만나게 됩니다.

기도는 하나님과의 교제입니다. 이는 기도의 첫 번째 이유가 되어야 합니다. 기도를 통해서 하나님과의 친밀감을 가질 수 있습니다. 기도는 자기 부인입니다. 기도를 하는 두 번째 이유는 우리 자신을 위해서입니다. 자기를 채움에 기도의 이유와 목적이 있는 것이 아니라 오히려 자기를 비우고, 부인하기 위하여 기도하는 것입니다. 주님께서는 '나의 원대로 마옵시고...'라는 기도를 몸소 보여주셨습니다. 기도는 사명입니다. 기도를 하는 세 번째 이유는 이 세상을 향한 아버지의 마음을 품기 위해서입니다.

오늘날 우리는 기도를 잃어버렸습니다. 기도를 하지만 하나님과의 친밀감도, 자기부인도, 사명도 잃어버렸습니다. 순례는 우리들로 하여금 다시 믿음이 무엇인지를 보게 합니다. 참된 영성이 무엇인지를 깨닫게 합니다.

성경의 성육화

순례 이야기는 우리들에게 큰 은혜와 감동을 줍니다. 물론 성경의 메시지가 큰 은혜를 주시지만 순례의 이야기는 그 성경의 이야기를 성육화하기 때문입니다. 예수님이 우리들에게 큰 은혜가 되는 이유가 무엇입니까? 보이지 않는 하나님이 보이는 하나님으로 우리에게 임마누엘이 되셨기 때문입니다. 성경의 이야기가 단지 성경의 이야기로만 전달된다면 성경은 우리들과는 거리가 먼 달나라 이야기처럼 느껴질 수 있습니다. 그러나 순례의 이야기를 통해서 성경의 이야기를 우리들의 피부로 느끼고 또한 경험할 수 있다는 데에 큰 의미와 은혜가 있는 것입니다.

하나님의 선교

지난 강화편, '경계에 선 사람들'에 이어 두 번째 국내성지순례이야기로 제주편을 기쁜 마음으로 내어놓게 되었습니다. 한 편 한 편 쌓아갈 때에 순례에 대한 우리들의 이야기도 더 깊어지기를 소망합니다. 어린아이가 인생의 길을 걸을 때에 조금씩 성숙해 가듯이, 이 과거를 향한 순례의 여정이 우리의 미래의 모습을 새롭게 조명해 줄 것을 기대합니다.

제주 선교의 중요성은 첫째로 사도행전의 재현이라는 점에서 찾을 수 있습니다. 이는 성령 하나님의 선교입니다.

"오직 성령이 너희에게 임하시면 너희가 권능을 받고 예루살렘과 온 유대와 사마리아와 땅 끝까지 이르러 내 증인이 되리라"(행 1:8)

사도행전 1장8절의 이정표적인 말씀을 따라 이루어졌던 초대 교회의 역사와 같이 한국 선교에 있어서도 이정표적인 사건이 평양 장대현교회를 중심으로 한 1907년 평양대부흥을 통해서 이루어졌고 이에 대한 결실이 자연스럽게 제주 선교로 이어졌습니다.

부흥은 선교를 일으키고, 선교는 부흥을 증명합니다. 선교가 없는 부흥은 진정한 부흥이 될 수 없습니다. 선교를 꿈꾸는 자들은 부흥을 기다리고, 부흥을 소망하는 자들은 선교를 사모해야 합니다.

둘째로 제주 선교는 조직된 교회의 공적인 파송으로 이루어졌습니다. 이는 주의 몸된 교회가 가져야 할 성자 하나님의 사역입니다. 곧 제주 선교가 더욱 의미 있고 가치 있는 것은 초대 교회의 선교에 있어서 안디옥 교회를 중심으로 이루어진 조직된 교회의 공적인 파송에 의해 이루어진 바울의 제1차, 2차, 3차 전도 여행처럼 제주 선교 또한 공식적인 장로교의 첫 번째 독노회에서, 장로교 목사로 안수받은 첫 번째 7인의 목사 중에서 한 사람인 이기풍 목사님을 파송함으로 이루어진 일입니다.

이기풍 목사가 사용했던 강대상(제주성내교회 본당)

| 칼 귀츨라프의 꿈

한 마디로 제주 선교는 예루살렘 교회를 중심으로 이루어진 선교의 역사와 안디옥 교회를 중심으로 이루어진 선교의 역사를 다 품고 있는 것입니다.

셋째로 제주 선교 또한 자생적 공동체를 확인할 수 있습니다. 이는 성부 하나님의 선교를 보여줍니다. 앞선 두 가지 이야기는 보다 외적으로 드러나 공식적인 복음 전파를 보여준다면 선교의 역사에서는 언제나 감추어진 이야기들이 있습니다. 때때로 구전으로 내려오기는 하나 인정받지 못하는 이야기들도 있습니다.

바라기는 더 깊은 이야기 속으로 들어가 보기를 원합니다. 표면의 바다도 훌륭하고 아름다우나 심해의 바다는 더욱 오묘할 것입니다. 이 땅에 목회자가, 선교사가 파송되고 교회가 세워지기 전에 이미 하나님의 놀라운 역사로 복음의 씨앗이 먼저 그곳에 심겼다는 사실은 놀라운 일이 아닐 수 없습니다. 마치 바울이 이미 복음이 전파되고, 교회가 세워졌던 로마를 향하여 편지하였던 것과 같습니다. 천로역정에서 전도자가 크리스천을 만나기 전에 이미 은혜의 불꽃이 크리스천에게 있었던 바와 같습니다.

제주 선교 이야기는 단지 한 지역의 선교를 우리들에게 보여주는 것이 아닌 순례를 통해서 우리들의 믿음과 신앙의 본질로 이끌 것입니다. 저 복음에 척박했던 땅에 어떻게 복음의 씨앗이 뿌려졌는지를 더듬으며, 하나님의 선교에 겸손히 동참할 수 있기를 바랍니다.

선교지에서 선교기지로

이 책의 제목은 '칼 귀츨라프의 꿈'입니다. 아직 복음의 문이 열리지 않아 지속적인 사역은 하지 못하였지만 개신교 선교사로 이 땅에 첫 발을 디딘 칼 귀츨라프는 제주를 단순한 선교지가 아닌 선교기지로 보았습니다.

칼 귀츨라프의 꿈은 새로운 이야기가 아닙니다. 앞서 김인수 교수는 선교기지로서의 꿈을 꾼 귀츨라프에 관하여 '선교와 상업'을 연관하여 사고하는 면모를 보여주었다고 평가합니다.[1] 또한 이홍정 목사는 세계선교를 향한 제주의 역할에 관하여 제시하였습니다. 제주의 무비자 방문은 관광지를 넘어 선교기지로서의 역할을 기대할 수 있는 것입니다. 우선적으로 중국교회 지도자들을 양성하는 일은 모델의 시작이 되어 더욱 확장될 것입니다.[2]

칼 귀츨라프는 아직 복음이 전하여지지 않은 낯선 이 땅을 향하여 선교지를 넘어 선교기지의 꿈을 꾸었습니다. 이러한 칼 귀츨라프의 꿈을 함께 꾸며 제주 이야기를 시작합니다.

1　김인수, 『한국기독교회의 역사』(서울:장로회신학대학교 출판부, 1997), 101-102쪽.
2　김인주(편), 『제주기독교 100년사』(대한예수교장로회 제주노회, 2016), 393쪽.

01

제주의 자생적 공동체
이호리 공동체와 금성리 공동체

성내교회 초창기 선교건물 대연

제주의 자생적 공동체
이호리 공동체와 금성리 공동체

제주 선교의 서광

참으로 오랫동안 외면되고, 고립되었음에도 불구하고 마침내 제주에도 복음의 빛이 비치었습니다. 다소 늦게 보인다고 할지라도 그것은 사람들의 생각이며, 사람들의 시선일 뿐입니다. 하나님께서는 모든 것을 때에 맞게 행하시는 것입니다. 본격적인 복음이 전하여지기 전에 제주 선교의 서광이 먼저 있었습니다.

제주는 오랜 세월 동안 소외되었습니다. 안으로는 비록 조선의 땅이었음에도 불구하고 중앙정부의 영향력이 미치기에는 너무 멀어 관리들에게조차 수탈을 당했으며, 밖으로는 보호받지 못하였기에 왜구의 끊임없는 침략의 대상이 되었고, 스스로에게는 정치범들의 유배지로서의 오명을 견뎌야했습니다. 자긍심을 잃고 불안과 위험 속에서 안전을 보장받지 못하는 도민들은 삶의 터전을 뭍으로 옮기기 시작하였으나 이조차 1629년 8월 13일 인조 7년에는 급기야 '출국금지령'으로 막히고 말았습니다. 출국금지령은 1823년 순조 23년까지 약 200년 이상 유지되어 수많은 제주도민들은 뭍으로 나가다가 붙잡혀 노비가 되기까지 하였습니다.

과거 이스라엘이 애굽에서 400년을 노예 생활을 하며 신음하며 부르짖었던 바를 들어 응답하셨듯이, 하나님께서 고난과 고립, 소외의 이 땅에 복음의 빛을 비추셨으며 앞으로도 놀라운 계획을 펼치시리라 믿습니다.

하멜상선전시관. 현재는 철거되었습니다.

#하멜의 표류기: 조선을 세상에 알리다

이제 이 복음의 서광의 역할을 한 기억해야 할 사람들이 있습니다. 바로 하멜과 귀즐라프입니다. 하멜이 제주 땅을 밟은 것은 자발적인 일이 아니었습니다. 그는 네덜란드 상인으로 일본 나가사키와 교역을 하였으며 조선은 관심의 땅이 아니었습니다. 그러나 1653년 1월 스페르베르 호를 타고 나가

사키를 가던 중에 풍랑을 만나 제주에 표류하게 됩니다. 이후 서울로 압송되어 특별한 대우를 받으며 병영생활도 잠시 하였으나 대부분 귀양살이 등 억류된 생활을 13년 동안이나 하게 됩니다. 하멜은 여러 번의 시도 끝에 탈출을 성공해 일본 나가사키를 거쳐 마침내 1668년 7월에 네덜란드로 귀환합니다. 이때에 자신이 속했던 동인도 회사로부터 13년 동안 밀린 임금을 받을 목적으로 쓴 글이 바로 '하멜의 표류기'입니다.

하멜의 표류기를 주목하는 이유는 하멜의 표류기가 조선을 세상에 알리는 계기가 되었기 때문입니다. 탐욕과 수탈로 조선에 문이 열리기를 원했던 사람들이 있었겠지만 전혀 다른 눈으로, 복음으로 조선을 바라보며 마음에 품은 사람들이 생겨나게 됩니다.

다음은 하멜이 무사히 고향에 도착하고 드렸던 기도문입니다.

"마침내 우리는 1668년 7월 20일 꿈에도 그리던 암스테르담에 도착하였다. 살아 돌아온 우리 9명은 13년 28일에 걸친 긴 포로생활에서 구원해 주신 하나님의 은혜에 진심으로 감사하며, 아울러 뒤에 떨어져 있는 우리의 불쌍한 동료들을 위하여 하나님께서 크신 은혜를 베풀어 주실 것을 간절히 기원한다"[1]

---

1 대한예수교장로회교회사–총회창립 90주년 기념 발간, 28쪽.

| 칼 귀츨라프의 꿈

하멜 기념비: 하멜상선전시관이 철거되어 빈 공간이 되었으나 삼방산을 뒤로 하고 용머리 해안을 바라보는 하멜의 흔적을 찾아볼 수 있습니다.

하멜이 그리스도인으로서 제주에, 조선에 행한 일에 대해서는 찾아보기 힘듭니다. 그는 다만 그의 삶을 살았고 무사히 고국으로 돌아가기를 바랐으며 그 꿈이 이루어졌습니다. 우리의 삶에 대한 의미를 우리가 다 알고 살아가는 것이 아닙니다. 마치 억지로 진 구레네 사람의 십자가처럼 그의 삶은 자발적이지 않았고 그가 복음을 위하여, 선교를 위하여 한 일은 없어 보입니다. 그러나 하나님께서는 그의 고난의 세월을 통해서 세상에 조선을 소개하는 일을 행하셨습니다. 비록 힘든 우리들의 삶이지만 견디고 믿음으로 살아갈 때에, 비록 이 일을 통해서 나 자신이 어떠한 의미를 찾지 못한다고 할지라도 하나님께서는 우리들의 믿음의 조각까지도 귀하게 쓰실 것입니다.

#칼 귀츨라프의 꿈

하멜의 표류기를 통해서 서양에 조선이라는 나라가 소개되기는 하였지만 일본과 중국에 비해서 여전히 조선은 주목의 대상이 되지는 못하였습니다. 이처럼 멈추어버린 선교의 시계가 다시 한번 움직이기 시작한 것은 하멜 이후 100년이 지난 후에 네덜란드 선교회가 칼 귀츨라프 목사를 파견한 일입니다.

귀츨라프는 1823년 베를린 신학교에서 수학하고 루터교회의 목사로 안수를 받고 네덜란드 선교회 소속 선교사가 되었습니다. 중국 선교의 장을 연 모리슨을 영국에서 만나 동양 선교에 대한 마음을 품은 귀츨라프는 사이암(지금의 태국)에서 선교를 하며 사이암 언어로 신약을 번역하는 등 활발한 사역을 하던 중 마침내 1832년 동인도 회사의 상선 암허스트호가 대만과 조선 서해안 일대 통상기지 개척을 위한 항해에 통역사 겸 의사로 참여하게 됩니다.

귀츨라프는 1832년 7월 17일 서해안 장사곶에 도착했고 7월 23일 고대도/원산도에 정박하여 조선 관아에 통사의 뜻을 전하였습니다. 귀츨라프는 이때에 조선의 왕 순조에게 통상을 요구하는 편지와 함께 모리슨이 번역한 한문성경인 신천성서를 전달하였습니다. 이 신천성서는 로버트 모리슨이 윌리암 밀른과 공동 번역한 중국어 최초의 한문성경입니다. 귀츨라프가 왕의 회답을 기다리던 한 달 동안 육적으로는 주민들에게 우리나라 처음으로 감자 심는 법과 포도주를 만나는 법 등을 가르쳐 주고, 의약품을 나누어주었으며, 영적으로는 성경책을 주민들에게 나누어주었습니다.

귀츨라프의 편지와 성경이 순조에게 제대로 전달되었는지는 알 수 없습니다.

비록 귀츨라프의 뜻이 이루어지지 않았지만 그는 낙심하지 않았습니다. 선교는 스스로의 의지와 힘만으로 이루어지는 것이 아니기 때문입니다. 하멜이 파선으로 한국 땅을 밟은 반면 그는 믿음으로 이곳에 도착한 것만 해도 참으로 하나님의 큰 은혜였습니다.

"주님께서 작정해서 짚어 주신 날에는 반드시 열매가 맺힐 것이다."

고대도/원산도를 떠난 귀츨라프는 8월 17일에 제주를 경유하며 다음은 제주를 보고 남긴 말입니다.

"최남단은 제주도, 그야말로 매혹적인 섬이다. 그곳은 잘 경작되어 있고 또 사뭇 편리한 지점에 위치하기 때문에 거기 공장을 세운다면 '아주 쉽게' 일본이나 한국 본토 및 중국과 같은 여러 나라와 교역할 수 있을 것이다. 그러나 만일에 이런 교역이 안 된다고 하면 그곳을 선교 거점으로 써서 안 된다는 법은 없을 것이다."

귀츨라프를 기념하는 곳으로 찾을 수 있는 곳은 보령의 두 곳인 고대도와 원산도입니다. 하나님께서 사랑하시는 섬이라는 고대도 항에서 만나는 조형물들과 고대도교회, 고대도선교센터가 있습니다.

| 칼 귀츨라프의 꿈

귀츨라프의 꿈이 그 자신에게서 이루어지든, 이루어지지 않든 상관이 없습니다. 왜냐하면 귀츨라프의 꿈은 그 자신의 꿈이 아닌 하나님의 꿈이었기 때문입니다. 요셉의 꿈이 이루어진 것은 그 꿈이 하나님의 꿈이었기 때문이며, 마찬가지로 하나님께서 귀츨라프에게 주신 꿈 또한 언젠가 이루어지리라 기대합니다.

귀츨라프를 기념하는 기념비가 고대도와 원산도에 있습니다. 왼쪽의 사진은 고대도, 오른쪽의 사진은 원산도에 있는 칼 귀츨라프 기념비입니다.

제주의 자생적 공동체: 이호리 공동체 #김재원[2]

언더우드와 아펜젤러가 이 땅에 들어오기 전 한국판 마게도냐인으로 쓰임을 받은 사람이 있습니다. 바로 이수정입니다. 임오군란 당시 명성황후를 살린 공으로 두 번째 신사유람단의 일원으로 포함되어 일본에 갔다가 쓰다센의 전도와 그가 건넨 한문 성경으로 보고 예수를 믿었으며, 믿은 지 7개월 만에 세례를 받았고, 한국 선교는 절대로 일본 사람이 행해서는 성공할 수 없으므로 미국이 선교사를 보내달라고 호소 편지를 보냈습니다. 이수정의 편지를 보고 뜨거운 가슴으로 온 선교사들이 바로 언더우드/아펜젤러입니다. 그리고 이들은 이수정이 한글로 번역한 '마가복음'(신약마가전복음셔언해)을 가지고 한국 땅을 밟은 것입니다. 이수정에 관한 보다 자세한 이야기는 앞으로 나올 인천편에서 다루게 될 것입니다.

이수정과 언더우드/아펜젤러, 한국 선교의 관계처럼 제주판 마게도냐인으로 쓰임을 받은 사람이 있습니다. 바로 김재원 장로입니다. 그는 제주 '이호리'에서 태어났으며 '거로' 마을에서 유학할 정도로 부요하였습니다. 그러나 이러한 학문과 부요함에도 불구하고 김재원은 너무나 무기력했습니다. 그는 당시의 의술로는 해결할 수 없는 알 수 없는 병에 죽을 날만을 기다리는 소망 없는 하루하루를 살았습니다. 자꾸만 부어오르는 배를 치료할 길이 없었습니다.

---

2   박정환, '김재원 장로', 김인주(편), 『제주교회 인물사1』(제주: 대한예수교장로회 제주노회, 2013), 11-30쪽.

그러나 우리의 연약함이 오히려 하나님의 섭리의 매개가 됨은 참으로 놀라운 일입니다. 열두 해 혈루증 여인은 자신의 그 혈루증으로 오히려 예수님을 만났으며, 귀신 들린 딸의 어머니, 가나안 여인은 딸의 그 연약함을 통해서 예수님을 만났습니다. 우리는 때때로 절망하나 하나님께서는 그곳에서 우리들을 만나 주시는 것입니다.

절망 중에 나날을 보내던 중에 경성에 제중원이라는 서양식 병원이 개설되었는데 거기에 가면 살 수 있다는 소문을 듣게 됩니다. 실오라기 같은 지푸라기라도 잡는 심정으로 아버지와 함께 제중원으로 상경하여 마침내 선

김재원 장로

교사 에비슨을 만나게 됩니다. 그러나 김재원의 병세는 에비슨조차 손 쓸 수 없을 정도로 심각하여 치료를 거부하였습니다. 그럼에도 불구하고 살려달라는 간절한 김재원의 간청에 이런 제안을 합니다.

'만약 당신이 예수를 믿고 세례를 받는다면 최선을 다해 시술을 해보겠소'

이에 죽음을 목전에 둔 김재원은 예수를 믿겠다고 약속을 하였습니다.

김재원의 수술은 단시간 내에 이루어지지 않았습니다. 약 2년에 걸쳐 7차례의 수술을 받았고 놀랍게도 회복되었습니다. 에비슨은 자신의 회고록에 김재원에 대한 이야기를 자세히 담고 있습니다.

"1903년 경 서울 안의 옛 장소(제중원)에서 아직 병원을 운영 중이었을 때, 한 젊은이가 오른쪽 가슴에 있는 농흉(膿胸, empyema)을 치료해 달라며 찾아왔다. 그것은 더러운 냄새가 나며 이미 여러 늑골이 침식된 오래된 만성이었다. 당연히 장기간 치료를 해야 했다. 우측의 모든 늑골을 제거해 흉곽이 함몰되고 가슴 안쪽에 유착돼서야 회복되었는데 약 2년이 걸렸다.

치료를 받는 동안 그는 종교에 관심을 갖게 됐다. 제주로 돌아간 그는 친구들에게 기독교 신자가 됐다고 말했다."[3]

이러한 과정에서 김재원은 박서양, 서상륜 등과의 교제를 통해서 신앙의 물이 오르게 됩니다. 박서양은 백정의 아들로서 후에 의대 교수가 된 사람입니다. 백정과 천민에게 복음을 전했던 사무엘 무어 선교사는 에비슨을 장티푸스로 사경을 헤매던 사대문 밖의 천민이며, 백정이었던 박성춘에게 데리고 가 그를 치료하였으며 그의 아들 박서양은 의학교에 들어가게 되었습니다. 백정이 예수를 믿고, 백정의 아들이 의학교에 입학을 하게 되는 것은 기독교를 중심으로 신분과 차별을 뛰어넘는 천지가 개벽하는 사회로 진입한 것을 보여주는 것이었습니다.

서상륜은 만주에서 홍삼 장사를 하다가 박서양의 아버지 박성춘처럼 장티푸스에 걸려 사경을 헤매다 토마스 목사의 순교 이후에 후임으로 파송된 스코틀랜드 연합 장로교 선교사 매킨타이어를 만납니다. 무어 선교사가 의사 에비슨을 대동했듯이 매킨타이어는 헌터 의사를 대동하여 지극정성으로 서상륜을 돌보아 치료합니다. 로스는 서상륜의 도움을 받으며 우리나라 최초의 우리말 성경인 "예수 셩교 누가복음 젼셔"를 출판하게 됩니다. 한국 선교가 본격적으로 이루어지기 전에 한국어 성경이 번역되었고, 번역된 한

3 박형우 편역, 『근대한국 42년 1893~1935(下)』(서울: 청년의사, 2010), 309쪽.(O. R. Avison, Memories of Life in Korea, p. 234.)

국어 성경이 선교사들보다 먼저 이 땅에 들어오게 되었다는 것은 너무나 놀라운 하나님의 섭리입니다. 바로 한국 교회의 선구자가 되는 이 서상륜은 1901년 6월부터 제중원의 전도자로 있었으며 김재원은 이러한 서상륜, 박서양 등과 교제할 수 있었습니다.

김재원은 1903년에 제주로 돌아오며, 이듬해 아버지가 돌아가신 후에 본격적으로 '이호리 신앙 공동체'를 이끌게 됩니다. 강화 서사 출신인 이승환이 예수를 믿고 고향에 돌아가 그의 어머니를 전도하고, 첫 번째 세례자가 된 바와 마찬가지로 김재원은 육적인 새로움만이 아닌 영적 새로움으로 고향에 돌아가 처음으로 자신의 어머니를 전도합니다. 이름도 없었던 어머니는 '김인애'라는 새 이름으로 후에 세례를 받고 이호리 공동체에서 여성들을 전도하는 일을 맡았습니다. 기독교 신앙을 받아들일 뿐만 아니라 목사로, 순교자로 기록된 김재원의 동생 김재선, 제주도 최초의 세례 교인인 홍순흥, 이호리 공동체의 새 보금자리가 된 예배당으로 자신의 집터를 내어 놓은 김행권 등은 이호리 공동체의 일원으로 잊지 못할 이름들입니다.

김재원은 제주의 개신교 선교에 있어서 마게도냐인이 되었습니다. 그를 중심으로 한 이호리 공동체에게는 이제 목회자가 필요했으며, 제주의 선교사로 파송된 이기풍과 김재원으로 만남으로 인해서 마침내 제주 성내교회가 세워진 것입니다.

성내교회는 현재 세 교회의 뿌리라 할 수 있습니다. 제주성안교회, 제주성내교회, 제주동부교회입니다.

제주 성내교회는 1939년 동부에 예배당을 건축하기로 발기하여, 1942년 7월 동부예배당을 완공하였습니다. 이로써 당시의 제주 성내교회는 제주서부교회로 알려지고, 1949년 5월에 동부교회와 서부교회가 정식적으로 분립하였습니다. 그러나 1953년 한국 장로교가 '예장'과 '기장'으로 나뉘게 되면서 1953년 7월부터 제주서부교회도 분열되었습니다. 7년간 계속된 교회 재산권 논쟁은 1960년 1월에 원만하게 해결되었습니다. 예장 서부교회는 전국 교회의 도움과 서부교회 교인들의 연보로 1961년 9월 삼도일동 905번지(현 YMCA)에 새 예배당을 건축하고 입당하였으며 1972년 10월 8일 제주피난민교회에서 성장한 제주중부교회와 합동하여 교회명을 제주성안교회라 개명하고 예배처소인 성경학교 건물과 부지를 제주 YMCA에 매각하고 장소를 옮겨 현 위치에 신축 이전하였습니다.

1974년, 기장 서부교회는 성내교회 부지에 교회당을 신축하고, 1994년, 서부교회라는 명칭을 '제주성내교회'로 환원하였습니다.

동부교회 또한 기장측과 예장 측으로 양분되어 상당한 갈등을 겪다가 1976년 9월 19일 공동의회에서 한국기독교장로회 제주 노회에 가입하기

로 결의하고 다음 날 9월 20일에 한국기독교장로회 제주노회에 가입 청원
서를 제출하였습니다.

　'한 뿌리'를 가지는 제주성안교회, 제주성내교회, 제주동부교회는 뜻을
모아 2008년 2월 24일 교회 창립 100주년 기념 연합감사예배를 드렸습니
다. 비록 교단은 다르지만 서로를 축복하고 성찬식을 통해 그리스도의 한
몸임을 선포하고 제주 복음화에 앞장설 것을 다짐했습니다.

제주성안교회

| 칼 귀츨라프의 꿈

제주성내교회(위), 제주동부교회(아래)

성내교회: 1909년 일도리 중인문 안에 여섯 간의 초가 2채를 매입하여 예배당과 사택으로 사용했습니다.

제주성내교회 앞마당에서 이기풍 선교사와 김재원 장로 공적비를 만나게 됩니다.

금성리 공동체 #조봉호

　김재원의 이호리 공동체와 더불어 살펴보아야 할 공동체가 금성교회의 모체가 되는 조봉호의 금성리 공동체입니다. 조봉호는 1884년 5월 12일에 제주 한림읍 귀덕리에서 태어났습니다. 부요한 가정에서 자라 일찍부터 한학을 공부하였으며 1902년 서울로 상경하여 언더우드 선교사가 세운 경신학교의 전신인 예수교중학교에서 유학을 하게 됩니다. 이호리 공동체의 김재원에게 있어서 제중원이 중요한 역할을 하였다면, 조봉호에게는 경신학교가 신앙의 매개가 되었습니다. 선교사들이 복음을 전함에 있어 의료와 교육 선교를 하였다면 의료 선교의 결실이 김재원으로, 교육 선교의 결실이 조봉호를 통해서 이루어졌습니다.

　조봉호는 이곳에서 언더우드, 게일, 에비슨과 같은 선교사들과 민족의 선각자들과의 만남을 통해서 기독교 신앙을 받아들이게 됩니다. 조봉호에게 있어서 기독교는 단순한 복음만이 아니었습니다. 그가 이전에 겪었던 가톨릭과 관련된 신축민요와는 전혀 다른 기독교의 모습을 보게 되었습니다. 조봉호에게 기독교는 새로운 시대를 여는 근대화로 이끌어주었으며, 기독교는 독립을 위한 애국의 길이기도 하였습니다. 조봉호는 1904년 아버지의 사망으로 경신학교에서의 짧은 수학을 마치고 귀향하여 자신의 가족들을 중심으로 하여 금성리 공동체를 이루게 됩니다.[4]

───────────────

4 『朝鮮예수教長老會史記(上)』(1928), 265-266쪽.

금성교회의 첫 번째 예배 처소는 양석봉의 집입니다(금성리 534번지). 이후 예배 처소는 조봉호의 생가(귀덕리 중동 1292번지)와 이덕련 장로의 집을 거쳐(귀덕리 상동 690번지), 위의 사진은 네 번째 예배처소이며(금성리 591번지), 아래의 사진은 현재의 예배당입니다.

조봉호

조봉호의 1904년부터 1908년까지의 행적에 관하여서는 알 수 없으나 금성리 공동체는 이기풍 목사와의 만남 이전인 1907년 즈음에 형성되었습니다.

조봉호는 1908년 설립된 성내교회의 남녀소학교에서 교사로 섬겼으며 조선예수교장로회사기(상)의 기록에 의하면 1908년 이기풍 목사와 매서인 김재원이 금성리 공동체를 전도한 것으로 되어 있는데, 이는 이미 있었던 금성리 공동체가 이호리 공동체, 더 나아가 선교사와 합류한 것으로 여겨집니다.

금성리 공동체는 조봉호와 그의 어머니 김진실, 이도종의 할머니인 송정순, 아버지 이덕련, 그 외에 가족 구성원들이었던 이승효, 이자효, 이의종 등으로 구성된 두 가정이 주축이 되었습니다. 고향으로 내려온 조봉호의 전도로 이도종 등 8인이 양석봉의 집에서 1907년 3월 10일 예배를 드리기 시작하였으며, 이후에 조봉호의 집을 거쳐 이도종의 아버지 이덕련이 자신의 집을 예배의 처소로 내어 놓았습니다.

#군자금 모금 사건[5]

3.1. 운동의 구체적인 결실로 1919년 4월 13일 상해에 대한민국 임시정부가 수립되고 이를 재정적으로 지원하는 '독립희생회'의 비밀결사가 국내에 조직되었습니다. 독립회의 연락원이었던 김창규는 5월에 비밀리에 제주에 들어와 조봉호에 도움을 청하였습니다. 임시정부의 선포문과 해외통신문을 전달하고 광복군 군자금 모금에 대한 활동을 요청하였습니다. 조봉호는 당시에 성내교회를 담임하던 김창국 목사에게 도움을 청하고 더 나아가 당시에 제주 교회를 분할목회하던 윤식명 목사(대정지방), 임정찬 목사(정의지방)도 협력하여 두 달도 채 되지 않는 기간에 독립희생회의 회원은 4,450명이 되고, 1만원의 회비를 모금하여 7월에 상해에 무사히 전달됩니다. 그러나 이 일은 결국 일본 경찰에 의해 발각이 되어 조봉호는 복역 중 고문 후유증으로 결국 1920년 4월 28일 37세의 나이로 옥중에서 순국하였습니다.

조봉호의 특별함은 첫째, 이기풍 선교사에 의한 복음 전파 이전에 김재원과 더불어서 제주에 자생적 공동체를 이루고 있었다는 것 둘째, 이기풍 선교사의 선교와 교육 사업에서 협력하였다는 것 셋째, 복음 전파의 정신은 애국으로 이어져 독립운동에 힘쓰다 순국하였다는 것입니다.

---

5 박경식, '이도종 목사', 김인주(편), 『제주교회 인물사1』(제주: 대한예수교장로회 제주노회, 2013), 69-71쪽.

| 칼 귀츨라프의 꿈

다음은 제주도민들의 이름으로 세워진 유일한 기독교인의 탑신의 순국 행장의 내용입니다.

"3·1 독립만세 운동이 전국에서 요원의 불길처럼 번지자 제주에도 독립 만세운동이 일어나고 기독교 교인들 간에는 독립희생회 제주지방 조직을 서둘도다. 조봉호는 김창국 최정식 김창언 문창래 이도종 김창규와 더불어 독립희생회 지방 조직에 착수하고자 임시정부헌장 선포문과 조선의 독립을 파리 강화회의에 제출한 소식을 담은 해외통신문을 입수하여 은밀리에 복사 배포하면서 동지 규합에 나서도다. 특히 상해임시정부 활동을 돕고자 독립군 군자금 헌납운동을 적극 전개하여 도민 4,450여 명으로부터 1만원을 모금, 동년 7월 상해로 송금하도다. 그러나 이 사실이 왜경에 탄로 되어 동년 7월 20일 조봉호 등 관련자 60여 명이 검속 되자 조봉호는 스스로 모든 일을 책임지기로 결심 동지들을 구한 후 홀로 총 책임을 지고 왜경의 심판을 받도다. 그리하여 동년 11월 12일 대구 복심법원에서 징역 1년의 언도를 받아 대구형무소에 수감 복역하다가 서기 1920년 4월 28일 옥사하도다."

조봉호 기념탑은 사라봉 공원(위 사진) 옆에 있는 모충사(아래 사진)에 위치하여 있습니다. 모충사에는 1. 조봉호 기념탑 2. 의병항쟁 기념비 3. 김만덕 기념비가 나란히 있습니다. 순국지사 조봉호 기념비는 독립 희생회와 관련되어 대구형무소에서 순국함을 기억하며, 의병항쟁 기념비는 1907년 고종황제의 강제 퇴위에 항거해, 제주의병 거사를 도모하다가 체포돼 순직한 의병들을 추모하며, 김만덕 기념비는 1794년 큰 흉년 때 굶주리는 제주 동포를 위해 거금을 출연, 육지에서 양곡을 사들어 구휼한 의인 김만덕을 기립니다.

| 칼 귀츨라프의 꿈

02

평양대부흥 운동과 제주 선교

이기풍 선교사의 입도

장대현 교회

평양대부흥운동과 제주 선교
이기풍 선교사의 입도

제주 선교의 불길 #평양대부흥 운동

오순절 성령의 강림과 이를 경험한 사람들에 의해 각 지역에 믿음의 공동체가 있었지만 아직 교회로 세워지기에는 연약함이 있었습니다. 오순절 성령 강림으로 흩어진 사람들과 더불어 예루살렘 박해로 말미암아 흩어진 사람들에 의해 복음이 전파되었을 때에 하나님께서는 베드로를 통해서 예루살렘 교회를 세우실 뿐만 아니라 사마리아와 이방인에게까지 보내셔서 그들의 믿음을 견고하게 하셨습니다.

제주 선교에도 자생적 공동체인 이호리 공동체와 금성리 공동체가 있었습니다. 이제 본격적인 제주 선교의 획을 긋는 사건은 이기풍 선교사의 제주 파송입니다.

1907년은 우리나라 역사에 있어서 슬픔이 있는 해입니다. 1910년 일제 강점기라는 암흑 가운데 들어가기 전, 마음으로는 더욱 어두운 해입니다. 1907년 6월에 헤이그 밀사 파견과 이로 말미암은 7월의 고종 황제의 강제 퇴위, 8월에 국군 강제해산이 연이어 일어났습니다. 그러나 이와 같이 암울했던 역사 속에서도 복음의 역사가 있었습니다. 이는 하나님의 은혜의 역사이며, 위로의 역사이기도 합니다. 1907년 1월 14일, 15일 평양 장대현교회에서 촉발된 평양대부흥운동의 열기는 한반도 전역으로 퍼져갔습니다. 1907년 9월 17일 대한예수교장로회 독노회가 결성되었으며, 이 첫 번째 노회에서 처음으로 장로교회의 목사가 된 7인, 길선주, 송인서, 방기창, 양전백, 서경조, 한석진, 이기풍 중에 한 사람인 이기풍 목사를 제주도 선교사

앞줄 왼쪽부터 한석진, 이기풍, 길선주, 송인서, 뒷줄 왼쪽부터 방기창, 서경조, 양전백

로 파송하기로 결정하였습니다. 참으로 성령의 강림으로 이루어진 예루살렘 교회의 역사와 조직된 교회인 안디옥 교회의 파송의 역사를 제주 선교에 있어서 동일하게 살펴볼 수 있는 것입니다. 성경의 이야기는 성경만의 이야기가 아닌 우리들의 순례 이야기 속에서 다시 한번 성육화되는 것을 살펴볼 수 있는 것입니다.

1907년 9월 17일 평양 장대현교회에서 예수교장로회 대한노회(독노회)를 조직했습니다. 독노회(獨老會)는 외국인 선교부에서 독립된 한국인들만의 노회입니다. 1907년 평양장로회신학교 제1회 졸업생 7인이 배출되면서 자체 조직의 필요성이 있었습니다. 1912년 총회가 창설되기까지의 시대를 '독노회 시대'라고 합니다.

| 칼 귀츨라프의 꿈

독노회의 결의에 따라 1908년 1월 11일, 길선주 목사가 시무하는 장대현교회에서 이기풍 선교사 파송예배가 드려졌습니다. 이기풍 선교사는 이처럼 평양대부흥운동의 진원지에서 파송되었습니다. 부흥은 선교로 열매를 맺으며, 선교는 부흥을 증언합니다. 민족의 가장 암울함이 있었던 이때에 복음의 역사는 멈추지 않았고 더욱 확산되었습니다. 이날의 감격과 은혜는 결코 그들만의 것이 되어서는 안 될 것입니다. 한국교회는 그 시작부터 선교하는 교회였습니다. 이날 길선주 목사는 설교를 통해 "당신이 어떻게 평양의 첫 선교사들에게 돌을 던졌는가를 기억하고" 설령 제주도 사람들이 당신에게 돌을 던진다고 하더라고 결코 실망해서는 안 될 것이라고 하였습니다.[1]

사울에서 바울로 #이기풍의 핍박

이기풍 목사의 가문은 무관 집안으로 할아버지는 정 3품에 속하는 오위장이었으므로 홍경래의 난에 참여함으로써 역적으로 몰리게 되어 황해도 구월산으로 피신하였습니다.[2] 아버지 이제진, 어머니 김 씨로 1868년 11월 21일 평양부 순영리에서 태어났습니다.[3]

---

1 박용규, 『제주기독교회사』(서울: 한국기독교사연구소, 2017), 136쪽.
2 김인주(편), 『제주기독교 100년사』(대한예수교장로회 제주노회, 2016), 50쪽.
3 차종순, "이기풍 목사의 생애와 사역" 『神學理解(제5집)』(광주 호남신학대학교출판국, 1997), 221쪽.

소년 시절의 이기풍은 일찍이 한학을 수학하였고 붓글씨가 뛰어나 백일장에게 나가 장원을 차지하기도 하였으며 서예와 묵화에 남다른 재능을 가지고 있었습니다. 한학의 수학은 자연스럽게 척사위정 사상에 젖어 이후에 서양과 선교사들을 배척함으로 이어집니다. 또한 서예와 묵화에 뛰어남은 이후에 그가 원산에 갔을 때에 생계를 위해서 유용하기도 하였습니다.

이기풍의 생애는 여러모로 사도 바울을 연상케 합니다. 율법에 정통하였던 사울이 교회를 핍박하였던 바와 같이 한학에 젖었던 이기풍은 반외세적, 반선교사적, 반교회적일 수밖에 없었습니다. 평양의 포졸의 하위직으로 그의 과격하고 돌출적인 행동들로 그를 한량이나 깡패로 묘사하기도 하나 이는 그의 이러한 사상적인 신념에 의한다고 볼 수 있는 것입니다.

또한 사도 바울이 이전에 스데반에게 돌을 던질 때에 주도적인 역할을 하였다가 다메섹 도상에서 변화되었듯이 이기풍 또한 1893년 마포삼열 목사가 평양에서 복음을 전할 때에 그의 집에 돌을 던진 불량배들 중의 한 사람이었기 때문입니다. 마포삼열은 이에 대한 이야기를 기록하였습니다.[4]

---

4 Samuel A. Moffett, "Early Days(part I)" (The Korea Mission Field, vol. 37, January, 1936), p. 4.

"1891-1893년 사이에 나와 함께 게일(J. S. Gale, 기일), 홀(E. F. Hall), 그리고 리(G. Lee) 등은 평양에 선교부를 개설할 목적으로 평양과 의주를 연속적으로 방문하였다. 1893년 봄에 리와 나는 토지를 샀으며, 지금은 여자성경학교로 쓰이고 있다. 이것이 공직자들 사이에 대혼란을 야기했으며, 사람들을 충동시켜 우리를 쫓아내기 위한 명령을 분명히 내린 것으로 알 수 있다. 수백 명의 군중이 운집하였으며, 한국말로 하자면 '야단났다'... 그날 아침에 우리는 서문통으로 걸어갈 때 경찰들로부터 돌팔매질을 당하였으며... 우리에게 돌팔매질을 했던 경찰 가운데 한 사람은 언급할 가치가 있는데, 그는 이기풍으로서 후일에 한국에서 최초로 목사 임직을 받고5 또한 최초로 선교사가 되어 제주도로 갔으며, 그곳에서 돌팔매질을 당하고 죽이겠다는 위협을 당하였다."

1892년 마포삼열 선교사는 평양에 26만 평의 대지를 구입하고 1893년부터 교회를 시작하였으며 이것이 바로 평양의 장대현교회입니다. 반외세적, 반교회적인 이기풍은 짓고 있던 교회당의 기둥을 무너뜨리고 불을 놓기도 하였습니다. 예루살렘 교회를 핍박하였으며, 스데반에게 돌을 던졌던 사울처럼 이기풍은 장대현교회를 핍박하였으며, 마포삼열을 향하여 돌을 던졌습니다. 이제 다메섹 도상에게 변화되었던 사도 바울처럼 이기풍의 변화는 원산에서 있게 됩니다.

5　이는 장로교의 최초입니다. 이미 1901년 감리교에서는 김기범, 김창식 목사가 한국인 최초의 목사가 되었습니다.

#이기풍의 변화

1894년은 청일전쟁이 발발된 해입니다. 그 해 9월 15-16일 양일간 평양에서 대대적인 전투가 있게 되며 이때에 평양은 85%가 파괴되기에 이른 것으로 알려지고 있습니다.[6] 아마도 청일전쟁이 발발되고, 평양성 전투가 있기 전에 이기풍은 원산으로 이주한 것으로 보입니다.

원산에서의 삶은 그리 넉넉할 수 없었습니다. 그는 담뱃대에 인두로 그림을 그려 파는 장사를 시작하여 생계를 이어갈 수 있었습니다. 그러던 중에 이전에 평양에서 마펫 선교사가 활동하였던 바와 같이 원산에서 스왈른 선교사의 전도를 접하게 됩니다. 평양에서 선교사들에게 행패를 부려도 관가에 알리지 않고 지켜보기만 하였던 서양인이 한편으로는 마음에 걸리기도 하였는데 원산에서의 팍팍한 삶 속에서 또 다른 서양인의 전도는 더욱 그의 양심을 찔렀습니다.

그날밤에 있었던 이기풍 선교사의 회개에 대해서는 그의 딸 이사례 권사는 다음과 같이 기록하였습니다.

"기풍아 기풍아, 왜 나를 핍박하느냐? 너는 나의 증인이 될 사람이다." 너무나도 놀라서 깨어보니 꿈이었다. 온몸은 땀으로 흠뻑 젖었다. 아버지는 그 자리에서 엎드렸다, 생전 눈물을 흘릴 줄

---

6 「제주성안교회 90년사」, 44쪽.

모르는 아버지의 눈에는 회개 눈물이 콧물과 뒤범벅이 되어 한없이
흘러내렸다(이사례, 2001, 33).

자신에게 이전에 전도하였던 김석필의 전도는 이렇게 결실하게 되었으
며 마침내 스왈른 선교사와의 만남이 이어지고 1896년 8월 15일에 세례
를 받기에 이릅니다. 마펫은 이에 관하여서도 다음과 같이 기록하였습니다.

"이기풍은 1891년 평양거리에서 나에게 돌을 던지며 박해하던
사람이었다. 그는 그때에 영문의 아전이었는데 원산으로 이사 가서
그곳에서 회개하고 1896년에 세례를 받았다."

이기풍 목사 선교기념비

이후의 이기풍의 삶은 이전과 달랐습니다. 동만 트면 나가서 전도하는 일
이 일과였습니다. 사도바울이 다메섹 도상에서 회심하고 다메섹에서 전도
자가 된 바와 같았습니다. 그가 이전에 복음을 핍박하였던 그 모든 것까지
도 이제는 불쏘시개가 되어 그를 열정적인 구령자가 되게 한 것입니다. 이
기풍은 1898년부터 1901년까지 스왈른 선교사를 도와 순회조사, 매서인
으로서 복음전파의 첨병의 역할을 감당하였습니다.

이기풍은 1901년에는 자신이 핍박하였던 장대현교회의 장로가 되고
1902년에는 장로회신학대학에 입학하여 1907년에 제1회 졸업생이 되어
목사로 안수받기에 이릅니다.[7] 회심으로부터 그가 장로가 되기까지 스왈른
선교사를 도와 함경도의 북청, 홍원, 함흥, 단천 등지에서 개척 사역을 하였
으며, 신학교 재학 중에는 황해도의 안악, 문화, 신천, 장연, 해주, 더 나아
가 충청도 서쪽까지 순회하며 전도하며 선교사를 도왔는데 이는 장차 그가
제주도 선교 활동을 준비하는 기간이었습니다. 곧 이미 복음이 들어가 세워
진 자생적 공동체의 지도자들과 어떻게 협력하며, 복음을 전할 뿐만 아니라
자주적인 교회를 어떻게 세워야 하는지 깊게 훈련되었습니다.

이기풍 목사의 제주 입도

평양 장대현교회에서 파송예배를 드린 이기풍 목사는 한 주간을 평양에

---

7   박인찬, "이기풍 선교사의 리더쉽 연구"(석사학위논문, 총신대학교 선교대학원, 2002), 20쪽.

서 머문 후 마펫 선교사가 중매해 준 숭의여학교 제1회 졸업생이었던 윤함애 사모와 젖먹이 아기를 등에 업고 조서 1인과 함께 평양을 떠나 제주를 향하였습니다. 1908년 1월 17일 평양역을 출발한 이기풍 선교사는 남대문에 도착해 승동교회에서 7일을 체류하고 1월 24일 기차를 타고 목포에 이릅니다.

목포에서 이기풍은 프레스톤, 폴시더와 여러 교우들의 환영을 받으며, 1월에는 한 주간의 전도집회를 인도하고 2월에는 해리슨, 프레스톤과 두 주간의 사경회를 인도한 후에 사모와 아기는 목포에 남겨두고 2월 중순에 제주로 향하게 됩니다. 당시의 배는 제주-목포 정기 여객선인 낏쑈마루이며, 매월 3회 운항하였고 운행시간은 하루 정도가 걸렸으나 운항 중 풍랑을 만나 추자도에 표류하게 되고 이기풍 목사는 2월 말, 혹은 3월 초에 제주도 산지포 항에 도착하게 됩니다. 당시에는 아직 제주우체사가 개국되기 이전이므로 가족들은 44일 만에 인편으로 이기풍 목사의 소식을 전해 듣게 되었습니다.

추자도 표류와 추자도의 교회들

제주도를 주변으로 한 다소 큰 섬들이 있는데, 대표적으로 추자도, 우도, 가파도, 비양도, 마라도 등이 있습니다. 이 중에서도 가장 큰 섬은 추자도 며, 전라도에서 제주를 향할 때에 만나게 되는 섬입니다. 추자도는 상추자와 하추자가 있으며 6개의 '리'로 구성되어 있습니다.

추자도는 일본 왜구의 잦은 침입으로 무인도가 되기도 하였지만 조선 중기 이후로 다시 주민들이 정착하게 되었고, 일제 강점기에는 일본인들이 상추자 대서리에 이주하기도 하였습니다.

이기풍 선교사의 추자도의 표류와 관련되어 추자도에서 이기풍 선교사의 흔적을 찾는 일은 기대뿐입니다. 앞선 강화 순례에 있어서 박성대 가문에서 전해오는 그의 할아버지인 박동엽과 토마스 목사님의 표류와 조우는 전해오는 이야기 속에서라도 들을 수 있지만 이기풍 선교사의 흔적은 아무것도 없습니다. 그러나 마치 출애굽 한 이스라엘의 광야에 엘림이 있음과 같이, 표류 속에서도 바다의 엘림인 추자도가 있어서 결국 이기풍 선교사의 제주행을 온전하게 하였습니다.

#추자신앙교회
추자도의 복음의 역사는 이기풍 선교사의 표류 이외에 1908년 조연국 전도인이 입도하여 복음을 전파하는 기독교인이 있었으며 미국 남장로회 파송 간호전문 선교사 서서평이 추자도에 대한 애정을 가져 1922년에 추자도 출신 원용옥을 주일학교 선생으로 파송한 일도 있었습니다.

추자신양교회

추자도의 첫 번째 교회는 추자신양교회입니다. 추자신양교회는 교회의 개척을 1925년으로 삼고 있습니다. 평양대부흥이 있었던 1907년에 태어난 양태교 선생은 1927년 추자공립보통학교로 발령되어 교사로 있으면서 이듬해인 1928년에 하추자도의 신영분교 뒤에 신양교회를 개척하였습니다. 앞서 언급했듯이 상추자에는 일본인들이 거주하였고, 하추자에는 한국인들이 많은 지역이었으므로 교회는 하추자에 개척된 것입니다.

보다 구체적으로 1928년 제주도 모슬포 교회의 전도인 채대일, 조영국, 김명숙이 원상권 씨 집에서 신영교회가 시작되었습니다. 전남노회 담임 목회자를 청원하여 박남규 전도사가 담임으로 부임하였으나 어려운 지역에

빈번한 전도사가 교체되다가 신양교회 청원에 대하여 1930년 9월 1일 부산 초량교회 장로인 방계성 장로가 신양교회 전도사로 부임하여 3년 동안 목회하였습니다.

방계성 장로는 1888년 평북 철산 출신으로 1903년 신천예수학원에서 수학하였고 철산군청 토지산림 측량기사였다가 1913년 부산으로 이주하여 건착망 회사 서기로 근무하였고, 1920-1922년 평양신학교에서 수학하였습니다. 주기철 목사님이 1926년 초량교회 위임목사로 부임하시자 함께 동역하시던 중에 주기철 목사님의 권고로 사역자로 헌신하시게 되어 신양교회 전도사로 부임하였습니다.

비록 추자신양교회는 건축할 능력도 재정도 없었으나 방계성 목사는 1931년 10월 11일 건축 기성회를 조직합니다. 우리들이 할 수 있는 것은 시작하는 것입니다. 다음으로는 하나님께서 행하실 일들입니다. 이에 전남 광주 양림교회 여전도회에서 건축기금의 기초를 놓았고 전남 각지와 경남 지방, 제주도 교회들이 참여하여 방계성 전도사는 풍랑 속에 폭포에서 풍선으로 목재를 날라 마침내 1931년 11월 14일에 착공하여 12월 7일에 준공하였습니다.

추광교회

#추광교회

　하추자도에 이어 상추자도에도 교회가 세워졌습니다. 상추자도 대서리에 위치한 추광교회는 6.25 전쟁 중인 1951년 10월 1일 김봉용 전도사가 추자동 초등학교에서 상추자도의 두 개의 마을, 대서리와 영흥리의 각 첫 글자를 합친 의미의 대영교회를 설립해 고성규 성도를 포함해 성인 6명, 어린이 6명의 교인과 더불어 개척 예배를 드림으로써 역사가 시작되었습니다. 이듬해 1952년 12월 23일에 추자도 어업협동조합 건물을 빌려 예배드리면서 교회명을 추자도에서 '추자도의 빛'이라는 의미의 추광교회로 개명하였습니다.

추자도의 절경으로 나바론 절벽(위)과 추자도의 모세의 기적을 보는 다무래미(아래)와 석양입니다.

#예초교회

교회가 처음에 세워지고 계속적으로 유지되는 일은 어려운 지역에서는 쉽지 않은 일입니다. 예초교회 또한 그러했습니다. 1954년 박광옥 전도사가 예초 지역에서 예배를 드렸고, 이후에 김병일 전도사, 김정호 전도사가 예배를 드리기는 하였으나 복음전도는 1959년 이후 끊어졌다가 1988년 황보란 전도사에 의해 개척된 교회가 오늘의 예초교회입니다. 할머니 다섯 분(김고네, 황옥단, 조종엽 외 2인)과 아동부들을 중심으로 김고네 할머니 댁에서 첫 예배를 드리고 1988년 11월 21일에 창립예배를 드렸습니다.

#묵리교회

추자도의 첫 번째 교회인 추자신양교회를 다니던 묵리마을 성도들 약 15명이 1989년 4월 16일 박성규 전도사를 모시고 김옥임 집사 댁에서 첫 예배를 드린 것이 묵리교회의 시작입니다. 방앗간 창고를 빌려 '실로암교회'라는 명칭으로 시작하여 근 1년 반 임시예배 처소로 삼았고, 그동안 성도들이 한마음이 되어 묵리 410번지 134평을 예배당 부지로 매입하였습니다. 이후 '묵리교회'로 개명하고 지금까지 마을의 영적 방주로서 영혼 구원과 마을 섬김의 사역을 감당하고 있습니다.

특별히 주목하게 되는 것은 1992년 부임한 김유문 목사는 영적, 양적 부흥을 일으키며 중국 선교에 불타는 심령으로 여러 곳에 교회를 개척하기에 이릅니다. 지금도 가보면 단지 십여 명이 모이는 이 작은 교회가 자신의 교회를 더 크게 세우는 것이 아니라 어떻게 이렇게 해외선교를 할 수 있었는지 놀랍기만 합니다. 마치 강화 순례에서 홍의교회를 다시 보는 듯합니다.

예초교회(위), 묵리교회(아래), 묵리교회가 중국에 개척한 교회들 1. 삼도만교회 2. 송강교회 3. 고성교회 4. 석성교회 이 외에도 증익교회, 대송교회 등이 있습니다.

| 칼 귀츨라프의 꿈

03

이기풍 목사의 제주선교

동역자들

이기풍 선교기념관

초기 사역의 어려움과 결실

#냉대와 배척/ 김재원

#첫 열매 홍순흥 #최초 예배자 김행권

#난동사건/ 박영효

#첫번째 동역자 김홍련

#윤함애 사모

이기풍 목사와 제주 선교

71

이기풍 목사의 제주 선교
동역자들

초기 사역의 어려움과 결실 # 냉대와 배척 / 김재원

이기풍 목사는 추자에서의 표류로 간신히 목숨을 건지고 무사히 제주에 입도하였으나 그를 제주에서 맞이한 것은 냉대와 배척뿐이었습니다. 다음 장에서 설명할 신축민요 곧 천주교인 학살 사건이 있은 지 얼마가 되지 않았으므로 복음의 토양은 너무나 척박하였습니다. 오랜 우상숭배와 미신의 굴레에 매여 있었던 사람들은 외국인과 외국 종교에 대한 반감으로 이기풍 목사는 잠잘 숙소조차 얻을 수가 없었습니다. 우리는 이 땅에서 많은 환대를 받지 못할 것입니다. 환대를 받는다면 그것은 십자가의 길이 아닙니다. 그러나 절망하거나 실망하지 않는 것은 그 길의 끝에는 영광이 있기 때문입니다.

이기풍 목사는 먼저 산지를 중심으로 한 전도여행으로 시작하였습니다. 사람들과의 접촉을 위해서 조랑말을 구입하여 한라산을 돌며 주민들과 만남을 가지려 하였습니다. 그러나 이러한 수고는 작은 결실도 맺지 못하였습니다. 이에 이기풍 목사는 산지에서 바닷가로 사역의 방향을 바꾸었습니다. 아무런 결실도 맺지 못하며 행하는 그 길은 얼마나 외롭고 힘든 길입니까! 그러나 하나님께서는 이 모든 것을 아시고 또한 보고 계시는 것입니다.

결국 이기풍 목사는 바닷가 해변을 거닐 때에 탈진하여 쓰러졌습니다. 정신을 차렸을 때에는 한 해녀의 집이었습니다. 그 가운데에서도 이기풍 목사는 해변에서 탈진한 자신을 구해 준 해녀에게 복음을 전하였습니다. 자신의 연약함까지도 복음 전도의 기회가 되었습니다. 이후 해녀의 집을 중심으로 인근에 다니면서 복음을 전하며 제주도 전역에 복음을 전하였습니다.

이처럼 척박한 제주 선교에 있어, 이기풍 선교사의 사역이 결실할 수 있었던 것은 김재원과의 만남입니다. 하나님께서는 참으로 만남을 통해서 복음의 문을 여시는 것입니다. 이방인의 전도의 문을 여실 때에도 베드로는 고넬료를 만났습니다. 사마리아에 복음의 문이 열릴 때에도 예수님께서는 수가 성에서 우물가의 한 여인을 만나셨습니다. 빌립보에 복음을 전할 때에 바울은 루디아를 만났습니다. 저 고린도에서 복음을 전할 때에 바울 사도는 브리스길라와 아굴라를 만났습니다. 이처럼 복음의 역사에는 수많은 만남이 있는 것입니다. 저와 여러분의 만남은 어떠한 만남입니까?

김재원은 제중원을 통한 치료를 받았고 예수를 믿으며 이호리 공동체를 이루었지만 견고하게 서지 못할 때였습니다. 1904년에 돌아가신 아버지를 위하여 3년 상을 치르고 난 이후 1908년 봄에 이기풍 목사를 만났습니다. 이기풍과 김재원의 만남은 성내교회의 개척으로 결실케 되며, 제주의 많은 교회의 개척과 섬김에 시작이 되었습니다.

#첫 열매 홍순흥

홍순흥 장로

제주 성내에서 이기풍 목사의 전도를 맨 처음 받은 사람은 홍순흥입니다. 장터에서 처음 만나 집으로 초대하여 친절히 대접하였으며 이에 호감을 느낀 홍순흥은 틈만 나면 찾아와 인생문제에 대해서 토론하다가 결국 예수님을 영접하게 됩니다. 성내교회의 설립자로 김재원, 김행권과 더불어 한 사람의 공로가 되었습니다. 그는 1909년 최초로 세례를 받아 이기풍 목사의 첫 열매로 큰 기쁨과 위로가 되었습니다. 약품 제조 판매업을 하면서 가난한 자, 병든 자를 구제하고 봉사하였으며 1913년 김재원 다음으로 성내교회의 두 번째 영수가 되었고 1917년 4월 5일에는 김재원과 함께 장로 장립을 받았습니다.

#최초 예배자 김행권

제주 성내에서 이기풍 목사에게 예배 처소를 제공한 사람은 김행권입니다. 그는 힘이 강하고 의협심이 많은 인물로 제주 주민들이 이기풍을 극심하게 박해할 때에 그를 도와주었습니다. 니스벳(J. S. Nisbet)은 "나의 친구 이기풍을 만나다"라는 글에서 다음과 같이 증언하였습니다.[1]

---

1 J. S. Nisbet, "Meet My Friend-Rev. Yi ki Poong," korea Mission Field(Nov. 1928), 229.

충분한 준비를 한 후 이 목사는 1908년 제주에 도착하여 제주도의 가장 큰 도시에서 사업을 시작했다. 여기서 그는 강력한 반대에 부딪쳤고, 심한 박해를 견뎌냈다. 200명 이상 되는 사람들이 그를 죽이기로 서약했다. 그러나 하나님은 친구 송문옥을 만들어 주셨는데 송문옥은 군중을 진압하고 이 목사를 구해 낼 수 있었다. 그러나 다음날 그는 어느 마을에서 전도를 했는데 밤이 되자 아무도 그에게 자기 집에서 자는 것을 허락하지 않아서 그는 밖에서 자야만 했다.

니스벳이 증언한 송문옥이란 인물은 김행권으로 보입니다.

김행권

기록에 의하면 김행권(1982~1979)의 집은 처음부터 성내교회 주변에 있었습니다. 정영삼 목사가 시무할 당시, 교회 앞뜰에 있던 김행권 집사의 주택이 교회에 양도되었습니다. 교회는 1963년 여러 행사를 치르면서 교회 앞뜰에 화단을 조성하기 위해 당회원과 재정위원으로 추진위원회를 구성하여 초대교인 김행권 집사가 살던 곳을 매입하였습니다.[2]

2 김인수, 박정환, 『한국교회 첫 선교지 살리는 공동체 100년: 제주성안교회 100년사』(제주: 제주성안교회, 2010), 113-114쪽.

#난동사건 박영효

이기풍 선교사의 초기 사역을 도운 또 다른 인물은 박영효입니다. 1909년 5월 5일 '한성순보'에 이기풍 목사의 선교 보고 내용이 실렸습니다. 단오날 아침, 아침식사를 할 시간에 젊은 청년들이 찾아와 난동을 부렸습니다. 자신이 언젠가 그랬듯이 돌을 든 청년들이 방 안까지 뛰어들어와 이기풍 목사의 멱살을 잡았습니다.

> "이 고얀 놈, 네 놈이 제주도 욕을 했지. 그래 말똥으로 불을 때는 것이 무엇이 나뻐. 쌀을 안 씻고 밥을 지으면 뭐 나뻐. 네 놈이 제주도 사람을 야만인 취급하다니, 그래 제주도 맛을 보여주지..."

이유를 알지 못했던 이기풍은 당황하였으나 청년들이 내어 놓은 신문을 보고 이내 후회를 하게 되었습니다. 무심코 보낸 선교보고가 이러한 파장을 일으키고 선교의 방해가 될지 알지 못했던 것입니다. 이처럼 난동과 청년들이 돌로 치러하는 순간 박영효가 나타났습니다.

잠시 박영효에 대해서 살펴보고자 합니다. 박영호는 갑신정변의 주동자들 중에 한 사람이었으나 철종의 외동딸 영혜 옹주와 결혼한, 철종의 사위로 극형은 면하였습니다. 이후 미국으로 갔다가 일본으로 건너와 1894년까지 10년 동안 망명생활을 하였습니다. 이 기간에 박영효는 일본의 개화파 인사 후쿠자와 유키치의 개화사상에 젖었으며 이들의 도움으로 1893년 말에 도쿄에 교포 유학생들을 위한 친린의숙을 세워 운영하였습니다. 일본의 망명 생활에 박영효는 서양 선교사들과 교류하였고 조선의 근대화를 위해서 기독교가 필요함을 깨달았습니다.

10년 후인 1894년 8월 23일에 친일인사의 영입에 의해 다시 서울로 돌아왔으나 1895년 10월 을미왜변에 연루되어 다시 일본으로 망명하게 됩니다. 이것이 두 번째 망명입니다. 다시 일본에서 10년을 보낸 박영효는 1907년 6월 초에 비공식으로 부산에 들어와 6월 13일 고종의 특사를 받게 되나 고종이 헤이그 밀사 사건으로 밀려나게 되자, 양위 반대파로서 양위 찬성파를 암살하려 하였다는 죄목으로 제주도에서 1년 간 귀양살이를 해야 했습니다. 1907년부터 1910년 2월까지 제주도에 체류하였던 박영효는 복음을 위해서 또 다른 준비된 사람이었습니다.

다시 난동사건으로 돌아와, 박영효는 단오날에 문 밖에 나왔다가 "제주도를 악선전한 이기풍이란 놈을 5월 5일을 기하여 때려 죽인다"는 방이 붙어 있는 것을 보고 서둘러 이기풍 목사의 집으로 향하였습니다. 그때는 청년들이 돌을 들어 이기풍에게 내려치려는 순간이었습니다.

"여보게 청년들! 이 무슨 추태인가? 제주도 풍속을 있는 그대로

소개하였을 뿐이지 않는가? 설령 나쁘다면 자녀들이 앞장서서 고쳐야
하지 않는가! 이분은 멀리서 이곳에 복음을 전하러 오신 목사님이셔!"

청년들은 박영효의 지위를 앞으로 하나둘씩 흩어졌습니다.

#첫 번째 동역자 김홍련

이기풍 선교사가 제주로 파송될 때에 함께 한 사람이 있습니다. 그의 구
체적인 이름은 제2회 독노회에 등장하여 이기풍 목사와 더불어 함께 제주
선교에 대한 보고를 합니다. 그는 바로 김홍련입니다. 대한예수교회회보에
서는 제주도를 가는 길에 이기풍 선교사가 그 부인과 조사 일인과 함께 동
행하였음을 기록합니다.

평양에서 기차를 타고 함께 한 김홍련은 이후 이기풍 선교사 제주도에 무
사히 도착했다는 연락을 받고 윤함애 사모와 함께 1908년 4월에 제주도에
도착한 것으로 여겨집니다. 제2회 독노회에서는 제주도에 이선광 여전도
인의 파송을 청원하며, 제3회 독노회의 보고에서와 같이 이기풍 선교사에
협력하여 300여 동리와 20만 주민들 사이에서 왕래하며 복음 전도의 사역
을 다하였습니다.[3]

평안노회에서 택정한 제주 선교사 이기풍 씨는 평양서 기차로 발정하여

---

3. 대한예수교회회보, 1908년 1월29일.

ㅣ 칼 귀츨라프의 꿈

제주도로 가는 길에 그 부인과 조사 일인을 거느리고 본월 십칠일에
남대문 밖 정거장에 도착하매 연동, 승동, 새문안 각 교회 교우들이
정거장까지 나아와 환영하고 승동교회에서 유하다가 24일 발정하였으니
수륙 원로에 태평히 도달하기를 축사하오며 그곳 어두운 백성을 밝은
길로 인도하여 교회가 날로 흥왕하기를 간절히 간구하나이다

제2회(1908년 9월 8일)
길선주 씨가 제주 전도인 김홍련 씨의 설명 듣기를 청원하매 회중이
가로 결정하다. 제주 전도인 김홍련 씨와 전도국장 길선주 씨가 설명하여
전도사를 확장하자고 청원하니라.

제3회(1909년 9월 3일)
소안론 씨가 제주 전도인의 설명 듣기를 동의하여 가(可)로 결정하다.
제주 전도인 김홍련 씨가 제주 삼백여 동리에 이십만 명 되는 동포
중에서 래왕하며 전도하던 형편과 그 풍속에 이동됨을 설명하매 회중이
박장 답사하다.

　　인천 선교에서 있어서는 인천의 스테반인 노병일이 잘 알려지지 않았습
니다. 노병일의 사역으로 아펜젤러의 사역의 터를 닦았습니다. 존스 선교사
의 강화 선교는 이승환을 통해서 이루어집니다. 제주 선교에 있어서도 여러
조력자들이 있으나 그 이름들은 화려하지 않습니다. 그러나 이러한 사람들
의 조력함으로 제주 선교는 온전히 이루어진 것입니다. 무엇이든 혼자의 힘

으로 할 수 있는 것은 없는 것입니다.

김홍련은 1873년 전라도 광주에서 태어나 30세가 되던 1902년에 세례를 받고 매서인으로 활동하였으며, 1905년에는 평남 팽산군 용덕리교회 설립에 관여하였습니다. 조선예수교장로회의 제1회 독노회의 파송을 받아 이기풍 목사의 협력자로서 1908년부터 1910년까지 제주도 선교를 감당하였습니다. 1911년에는 평양 장로회신학교에 입학하게 됩니다.

#윤함애 사모[4]

이기풍 목사의 많은 동역자들이 있었지만 그의 사역의 시작으로부터 마침까지 평생에 함께 한 사람은 바로 그의 아내인 윤함애 사모입니다. 윤함애 사모는 이기풍 목사님의 두 번째 아내로 여겨집니다. 윤함애 사모는 1879년 4월에 출생하여 이기풍 목사님과는 11살 차이가 납니다. 황해도 안악군 중골 출신으로 중병에 걸려 3년 동안이나 움직이지 못하였다가 언더우드 목사의 순회 조사인 김채봉 씨의 기도로 치유함을 받았습니다. 개인적으로 하나님의 기적을 체험은 윤함애는 집안 식구들의 반대에도 불구하고 열심히 교회에 출석하다가 견딜 수 없는 핍박에 고향을 떠나 무작정 평양의 선교사를 찾아가게 됩니다. 이때 마포삼열 선교사는 윤함애를 이길함 선교사의 수양딸로 보내어 따뜻한 보살핌을 받았습니다.

---

4 김창현, "이기풍 목사의 선교와 신학: 제주 선교를 중심으로"(석사학위논문, 한남대학교 학제신학대학원, 2015), 20-22쪽.

이기풍 목사 윤함애 사모 이사은(큰 아들), 1908년

이때에 이기풍 목사는 부인이 갓난아이를 낳고 세상을 떠나 갓난아이를 길러야 했으며 신학 수업도 계속할 수 없었습니다. 이에 마포삼열 선교사는 25세의 윤함애에게 이기풍과 함께 결혼할 것을 중매하였습니다.

"윤함애 씨, 매우 답답한 일이 있습네다. 이기풍 씨 부인이 애기를 낳고 죽었습네다. 이기풍 씨가 애기 때문에 신학공부를 할 수 없습네다. 이기풍 씨 부인이 애기를 낳고 죽었습네다. 이 애기 매우 불쌍합네다. 이 문제 때문에 지난번에 윤함애 씨를 만나러 왔습네다. 매우 급합네다. 이기풍 씨를 도와주시오."

한 번 듣지 못했던 어린아이의 울음소리가 그이 마음에 계속 들려왔습니다. 혼기를 놓친, 아니 결혼을 포기한 윤함애는 하나님 앞에 엎드릴 수밖에 없습니다. 이때에 윤함애는 세미한 음성을 듣습니다.

"함애야, 네가 이 십자가를 져야 한다. 네가 희생의 제물이 되어 이기풍을 훌륭한 주의 종이 될 수 있도록 뒷바라지해야 한다"

이렇게 하여 1903년 이기풍과 윤함애의 결혼이 성사되었습니다. 만일 윤함애 사모가 없었다면 이기풍 목사는 목회의 시작도 어려웠을 것입니다. 그후 윤함애는 평양의 숭의여학교에 입학하여 1907년에 남편인 이기풍은 한국 장로교회의 제1회 졸업생이 되었으며, 윤함애 자신은 평양 숭의여학교의 제1회 졸업생이 되었습니다.

1907년 예수교장로회신학교의 졸업식에서 마포삼열 선교사는 일곱 명의 졸업생 중에서 누군가는 제주도에 선교사로 가야 하는데 자원할 자가 없는지 물었습니다. 이기풍 목사는 자신이 자원해야 하겠다는 감동은 있었으나 갈등하며 결단하지 못하였습니다. 이 이야기를 들은 윤함애 사모는 남편에게 이렇게 이야기합니다.

"우리가 가지 않으면 누가 그 불쌍한 영혼을 구하겠습니까?"[5]

이기풍은 갈등하였으나 아내인 윤함애 사모는 오히려 강권하였습니다. 이에 이기풍 목사도 용기를 내어 선교사의 삶을 결단하기에 이른 것입니다.

윤함애 사모는 남편이 전도하러 떠나면 혼자서 목사관을 지키고 있을 때, 가까운 동네에서 산모가 출산하다가 사경을 헤맨다는 소식을 듣고 달려가서 분만을 도와주었는데 이것이 소문이 나서 동네 사람들이 산파 역할을 하게 되었습니다. 또한 사모임에도 불구하고 몹쓸 병에 걸려서 죽은 동네 사람의 시신을 꺼리지 않고 정성껏 처리해 주기도 하였습니다.

윤함애 사모는 제주에 입도하여 문맹퇴치와 성경을 읽을 정도의 한글 해득을 위해 목사 사택에서 3~4명의 아이들을 가르치기 시작하였는데 이는 목포교회의 것을 모델로 1910년에는 영흥(永興)학교[6]가 설립되었는데 이

5 정석기, 『위대한 선교사 열정』(서울: 쿰란출판사, 2002), 36쪽.
6 맨 처음에 윤함애 사모가 제주도로 이사하여 온 후, 이기풍 목사의 사택에서 야학으로 문자해득을 위해 주위의 아이들 3~4명을 불러 모아 가르치기 시작하여 후일에는 제주 서문내교회안에 교육기관인, 이미 설립된 목포지방의 것을 본 따 "영흥학교"로 발전, 설치한 것입니다.

는 보통학교과정의 학제가 되어 제주 개신교의 최초 학교가 되었습니다.[7]

영흥학교 교사와 학생들

이기풍 선교사의 첫 번째 제주 사역인 1908년에서 1915년까지의 7년의
사역은 성대 이상으로 멈출 수밖에 없었습니다. 두 번째 제주 사역은 1927
년에서 1933년까지 5년 사역이었습니다. 개척자가 짊어야 할 무거운 짐을
이기풍 목사와 함께 져야 했으며, 연약한 몸으로 사역을 감당해야 할 남편
을 돕고 위로하고 헌신적인 내조를 감당했던 윤함애 사모는 결코 잊어서는
안 될 이기풍 목사의 동역자입니다.

---

7   물론 제주읍내에는 1907년 5월 9일에 개교된 제주 북초등학교의 전신(前身)인 제주보통학교와 1907년
7월에 설립된 사립의신(私立義信)학교가 이미 설립되어 있었습니다.

이기풍 목사와 제주선교

1908년부터 1915년까지 7년간 이기풍 목사는 많은 선교의 결실을 이루었습니다. 모슬포교회, 법환교회, 중문교회, 용수교회, 한림교회, 금성교회, 조천교회, 삼양교회, 세화교회, 성읍교회는 이기풍 목사의 전도를 받아 믿게 된 이들에 의해 세워진 교회입니다.

이기풍 목사는 제주에서 7년을 사역하고 1915년에 이르러 건강의 악화로 선교를 중단할 수밖에 없었습니다. 1915년 5월1일 조천교회의 세례와 학습문답을 한 것을 마지막으로 더 이상 사역을 할 수 있는 몸이 아니었습니다. 성대에 이상이 생겨 도무지 말을 할 수 없었습니다. 말을 하여도 발음이 분명하지 않고, 쇳소리가 나고 목에 통증이 있었습니다. 복음을 외치다가 목소리를 잃었습니다. 그는 자신의 성대가 닳도록 복음을 외친 것입니다. 자신의 소리를 다하도록 복음을 외친 것입니다.

이기풍 목사는 노회에 청원하여 일 년간의 병가를 허락받았으며 이 문제를 위임받은 광주지방 시찰위원은 1915년 9월에 이기풍 목사를 대신하여 최대진 목사를 파송하게 됩니다.

일 년의 병가 후에 건강을 회복한 이기풍 목사는 1916년 광주 북문안교회에 담임목사로 부임하여 2년 간 열심히 사역하였으나 다시 건강의 문제로 1918년에 사임하고 건강을 살피다가 1919년 10월부터 순천읍교회(현 순천중앙교회) 담임으로 부임하며 1920년에는 전남노회 노회장으로 역임하였고 1921년에는 제10회 총회장에 선출되었습니다.

 이후 건강상의 이유로 병가로 제주를 떠났던 이기풍 목사는 12년 만인 1927년에 다시 제주로 돌아왔습니다. 자신의 처음 목양지이며 제주 선교의 중심이 된 성내교회로 부임한 이기풍에게는 제주선교에 대한 책임감이 있었을 것입니다. 그러나 이기풍 목사의 마지막 여정은 제주에서 마무리되지 않았습니다. 제주에 노회가 세워진 이듬해인 1931년에 성내교회를 사임하고 순천노회 벌교교회로 이명합니다.

 이기풍 목사는 높은 곳을 향한 사람은 아니었습니다. 그는 언제나 낮은 곳으로 갔습니다. 한반도에서 가장 먼 곳인 제주를 향하여 갔으며 총회장까지 역임하였으나 그는 복음의 오지로 향하였습니다. 이기풍 목사의 마지막 사역지는 여수의 남쪽에 위치한 금오도였습니다. 순천선교부 프레스톤 선교사의 권유로 벌교읍교회를 거쳐 금오도 우학리교회로 들어갔습니다. 이기풍 목사는 우학리를 중심으로 금오도 주변의 섬을 돛배를 타고 다니며 복음을 전하였습니다. 제주 선교에 이어 언제가 전라도편이 나올 때에는 그가 뿌린 여수 남부 24개 마을, 23개 예배당을 돌아보게 될 것입니다. 신사참배를 반대한 이기풍 목사는 4년간 옥고를 치렀으며 이후에 출옥하였지만

1942년 75세의 나이로 자신의 사명을 다하였습니다. 그의 목회 여정은 제주도에서 시작해서 여수 금오도에서 마쳤습니다.

이사은(큰아들), 김경신(며느리), 이기풍, 윤함애, 이정근(이사선 아들), 조해라, 이사선
이사례, 이성근(이사은 셋째, 목사), 이영근(이사은 둘째, 의사), 이종근(이사은 첫째, 광주 이준호 목사 부친)

ㅣ 칼 귀츨라프의 꿈

04

제주의 한나
천아나

조천교회

이기풍 목사의 조천의 첫 열매
천아나

제주 선교는 이기풍 목사로부터 이야기를 풀어나갈 수 있으며, 그전에 있었던 자생적 공동체인 이호리 공동체의 김재원 이야기, 금성리 공동체의 조봉호 이야기로 시작할 수도 있을 것입니다. 그러나 이제 새로운 사람을 소개하고자 합니다. 바로 천아나입니다. 많은 사람들에게는 참으로 낯선 이름일 것입니다. 한 여인 천아나에 관하여 아는 사람이 많지 않습니다. 제주 선교의 이야기의 시작을 성내교회를 중심으로 살필 때에는 김재원을 생각할 수 있습니다. 또한 금성교회를 중심으로 살필 때에는 조봉호를 기억할 수 있을 것입니다. 그러나 이제 반드시 살펴야 할 조천교회의 이야기가 있습니다. 이 이야기는 바로 천아나로부터 시작합니다.

이기풍 목사가 제주도에 도착하였으나 제주 도민들의 마음은 앞으로 언급할 신축민요 등의 여파로 여전히 복음에 관하여 닫혀 있었습니다. 제주 도민들은 이기풍 목사를 환영하지 않았습니다. 처음에는 잠도 재워주지 않고 음식도 팔지 않다가, 이기풍 목사가 미치광이를 잠잠케 하자 가까워지기 시작하였습니다.

ㅣ 칼 귀츨라프의 꿈

이기풍 목사는 이때부터 제주 목(牧)의 우면(右面)의 중심지인 명월 등지와 조천관(朝天館)이 있는 좌면(左面), 제주읍에서 열심히 전도하기 시작하였으며 그 결과 첫 해의 결실로 1908년 9월 조선독노회에 "원입교인 9명과, 회집교인 20명, 그리고 제주 토박이 김흥련이 전도인으로 자청하였다"라고 보고한 것으로 보아 조천리의 주민 천아나와 강용식과 금성리의 11명의 신자, 제주읍내의 몇 명의 주민을 통틀어 약 30명에게 복음을 전파하여 1908년 후반기에는 9명의 원입교인과 20여 명의 예배참석자를 얻었습니다.

조천교회의 설립 # 계낭게 예배당

앞선 성내교회의 모태가 되는 이호리 공동체와 금성리교회의 모태가 되는 금성리 공동체는 자생적 공동체로 이기풍 선교사의 입도 전으로부터 시작되었다고 볼 수 있으나 초기의 제주 선교에 세 대표적 교회들이라고 할 수 있는 성내교회, 금성리교회, 조천교회 중에 세 번째 교회인 조천교회는 이기풍 선교사의 직접적인 전도의 결실로 말미암은 교회라는 데에 큰 의미가 있습니다. 이러한 의미에서 조천교회는 가히 이기풍 목사의 순수한 첫 열매라 부를 수 있겠습니다.

제주 선교사로 파송된 이기풍 목사는 조천 지역에서 천아나에게 복음을 전하였습니다. 천아나는 학습교인이 되자 자택을 예배당으로 기부하였는데, 이는 '계낭게 예배당'으로 불리는 제주 최초의 교회당입니다. 1912년 총회는 이재순을 조사로 파송하여 이기풍을 돕도록 하였습니다. 그는 조천리에 정착하여 교회의 기둥이 되어 영수로 세워졌고, 1929년에는 조천교회의 첫 장로로 임직하게 됩니다.[1]

조천교회와 천아나 #성읍교회 #법환교회

조천리의 천아나는 이기풍 목사가 직접 복음을 전하고 거둔 조천교회의 첫 열매, 면류관이라는 데에 큰 의미가 있습니다.

천아나(千亞拿)는 1852년 3월 4일 조천리에서 서당의 훈장이라서 "천서장(千書長)"이라고 불리던 아버지 천만돌과 어머니 이득신[2] 사이에 아들이 없는 2녀 중 장녀로 태어났습니다. 그녀는 아들이나 다름없는 대접을 받으며 여자로서는 흔치 않게 어린 시절 서당에서 글을 배우며 자란 것으로 알려져 있습니다.

그러나 순탄치 않은 결혼생활로 인해 독신녀가 되어 소망이 없던 57세의 천아나는 1908년에 복음으로 새로운 인생을 살게 됩니다. 지금으로서

---

1 『제주 기독교 100년사』, 400쪽.
2 여자이름을 표기할 때는 "○○李氏"로 성(姓)만 표기했던 시대인데도 불구하고 나중에 천아나의 독호(獨戶)를 만들면서 어머니 이름을 "얻을 득(得), 믿을 신(信)"으로 신고한 것으로 보아 예수를 믿은 후에 지은 이름으로 보입니다.

는 57세의 나이면 무엇이든 새롭게 할 수 있는 때라 여겨지지만 당시의 57세는 그렇지 않았습니다. 이 땅에 복음을 전하기 위하여 들어온 첫 번째 개신교 선교사인 언더우드가 57세에 하늘의 부르심을 받았음을 기억할 때에 57세의 천아나가 이룬 과업은 과연 75세에 부르심 가운데 가나안 땅에 들어갔던 아브라함의 여정을 연상케 합니다. 57세의 천아나는 모교회인 조천리교회에서 처음 사랑을 가지며, 그다음 60세가 넘은 나이에 가을철의 풍성한 추수를 꿈꾸며 복음의 밭을 경작하며 보낸 곳이 성읍리교회요, 그리고 비록 60대 중반을 넘어선 노인이지만 복음의 마지막 남은 불씨마저 아낌없이 태운 곳이 법환리교회입니다.

천아나는 조천리에서 고랫돌을 들어올릴 만큼 힘이 센 장사[3]라고 알려진 고 씨 성(姓)을 가진, 그래서 별명이 "고래동장"이라는 분의 처였는데 슬하에 자녀가 없었기에 그 시대의 유교 도덕의 악습 중의 하나였던 칠거지악(七去之惡) 무자(無子)에 해당되었고, 그래서 아들을 낳을 수 없는 여자로 낙인찍혀서 소박(疏薄), 이혼당하였으며, 다시 함덕의 김 씨에게 재혼했으나 오래가지 못해 소박당하게 되었다고 합니다. 천아나에게는 육신의 아들이 없었습니다. 아들이 없었던 천아나는 버려진 인생으로 기댈 곳조차 없는 소망 없는 삶을 살 수밖에 없었습니다.

---

3 조천리교회의 첫 장로인 이재순의 집 울타리를 두른, 장사 여럿이 들어야 할 엄청나게 큰 기초석을 혼자 들어올려서 쌓았다고 하는 일화가 지금도 전해 내려 옵니다.

그러던 중 1908년, 57세 되던 해에 제주에 복음을 가지고 입도한 이기풍 목사를 통해 예수를 영접하고 난 후 그녀의 삶은 완전히 바뀐 새 삶이 되었습니다. 술빚고 내다파는 일을 그만두고 전도인이 되어 말씀이 캄캄한 제주도의 마을 이곳저곳을 불빛 밝히며 전도를 다녔습니다.

아마도 이기풍 목사는 사무엘상 1~2장에 나오는 성태(成胎)치 못한 여자 한나가 여호와께 드리던 그 간절한 서원이 천아나의 서원이 되고, 한나가 또한 하나님으로부터 은혜를 입었음에 천아나도 은혜를 입음이 되라는 뜻에서 "한나(HANNAH)"의 한문표기인 "아나(亞拿)"를 붙여 준 것으로 전해집니다.

그녀는 비록 육신의 아들은 못 낳았지만 하나님의 은혜를 입음으로 영적인 아들의 출산을 해내었고, 은사 체험 이후 줄곧 이 이름을 써왔기 때문에 지금껏 본명은 잊고 천아나로 기억되고 있습니다.

성읍교회의 설립

성읍리는 조천에서 반나절 거리에 위치해 있는 '성읍민속촌'으로 보존되어 있습니다. 지형적인 특징으로 제주의 중산간 지역은 '우뚜리'라고도 불리는데 용천수가 분출되지 않아 빗물을 받아 식수로 써야 하고 물이 귀한 탓에 위생상태가 좋지 않으므로 해안 사람들에게 경시를 받곤 하였습니다.

성읍교회

성읍민속촌

성읍리는 지금은 "성읍민속촌"으로 그럴듯한 고적관광지가 되어있기는 하지만 "우뚜리"[1]라 불리 우는 산간마을의 불리한 여건으로 인해 상시 거주민이 별로 늘지 않던 마을이었습니다. 그러나 이 당시만 해도 제주목 정의현의 소재지인 탓에 동쪽 제주의 중산간 지대에 위치해 있어서 인근마을의 주민들이 춘궁기에 식량을 구하기 위해서 몰려들기도 하는 등 한 때는 번영하였던 마을이었습니다. 이 마을에 원래 장삿길로 드나들며 마을주민과 이미 친숙해진 조천교회의 천아나가 들어가서 이기풍 목사와 전도인 김홍련(弘連), 이득방(得芳)을 도와 성읍리교회를 세웠습니다.

성읍리교회 설립기록이 적혀있는 "사기(史記) 하권"의 말미를 장식한 그녀의 발자취가 남아 있습니다.

1922년... 성읍리교회가 설립하다. 선시에 목사 이기풍과 전도인 김홍련(弘連), 이득방(得芳)의 전도로... 천 씨 아나 등이 신종(信從)하여 천 씨 아나는 초가 6간을 공헌하므로 기도회를 시작하였으며...

---

1 제주도에서는 중산간(奧地) 마을을 이렇게 부릅니다. 대부분 용천수(湧泉水)가 분출이 안되므로 빗물을 받아 식수로 쓰곤 했는데 귀한 물 탓에 위생상태가 뒤져서 제대로 씻지를 못하는 경우가 있어 해안마을 사람들로부터 경시(輕視)를 받았던 한 때가 있었습니다.

ㅣ 칼 귀츨라프의 꿈

비록 조천관 마을에서 출동당한 천아나였지만 이와 같은 핍박을 오히려 복음을 전하는 기회로 여기며 이기풍 목사, 전도인들과 함께 1914년경부터 성읍리를 대상으로 전도하여 천아나가 6칸을 공헌하고 기도회를 시작하였습니다. 그러나 이러한 성읍리의 선교는 이후 이기풍 목사가 병간호를 위하여 제주를 떠난 이후 제대로 모임이 이루어지지 않았는데, 이들은 천아나와 같이 출동(黜洞)을 각오하고서 핍박을 이겨내며 동네 사람들에게 내어놓고 예수를 믿는다고 신앙고백할 정도의 적극적인 신자로 성장하지 못하였기 때문입니다.

그 뒤에 황해노회의 파송을 받은 임정찬 목사가 이곳에 집중 전도한 끝에 1920년경에야 강남서를 최초의 서리집사로 택할 정도가 되었으며 1922년에 이르러 교회의 설립이 이루어졌습니다.

성읍리교회[1]가 1914년경에 복음의 태기가 있었다는 사실의 근거로는 "사기(史記) 하권"에 기록된 "처음 신종했던 정학석과 이학인 부부, 강홍렴" 등은 "1914년 4월 18일"에, "양경수"는 "1914년 10월 15일"에, "강남서와 유삼룡"은 그 이후에 세례 받은 것으로 되어있는 성읍리 기도처소회의 처음 신자들이기 때문입니다.

---

1 1915년 조선총독부에 신고한 성읍리교회의 이름은 "정의 동문외"입니다.

법환교회의 설립 #신축민요와 강한준

1917년 6월, 장로교 전남노회의 전도국에 한 통의 편지가 도착하였습니다.[1] 이 편지는 먼 이국인 하와이에서 온 것으로 놀라운 내용이 담겨 있었습니다.

'매년 미화 60원씩 5년 동안 보낼 테이니 내가 살던 법환리에 전도인 한 사람을 세워 주십시오'

법환교회

이 사람의 이름은 강한준입니다. 100년이 넘는 제주법환교회 역사는 이렇게 시작하였습니다. 과연 어떠한 사연이 있었을까요? 우리나라 첫 번째

---

1   신혜수, 『기적이 상식이 되는 교회: 제주법환교회 100년사』(제주: 제주법환교회, 1917), 84-106쪽.

이민 역사가 되는 하와이 이민자 중의 한 사람으로서 강한준 권사는 자신의 고향인 제주에 선교의 헌금으로 복음의 씨앗을 심은 것입니다. 이제 우리는 이 이야기의 시작을 신축민요로부터 시작하고자 합니다.

신축민요는 다양하게 불립니다. 이재수가 주동이 되어 이재수의 난이라고도 불리고, 신축교난, 신축교안이라고도 합니다. 제주 선교 역사에 있어서 반드시 기억해야 할 사건입니다.

예수님의 시작은 구유로부터 시작해서 십자가에서 마치셨습니다. 예수님의 시작과 마침을 잘 살펴야 합니다. 그렇다면 그 과정은 어떠합니까? 예수님께서는 자신의 삶에 대해서 '여우도 굴이 있고 공중의 새도 거처가 있으되 인자는 머리 둘 곳이 없다'(마 8:20)고 하셨고 자신의 부르심에 관하여 '인자의 온 것은 섬김을 받으려 함이 아니라 도리어 섬기려 하고 자기 목숨을 많은 사람의 대속물로 주려 함이니라'(마 10:45)라 하셨습니다. 그렇다면 우리들의 삶은 어떠해야 합니까?

"누구든지 나를 따라오려거든 자기를 부인하고 자기 십자가를 지고 나를 따를 것이니라"(마 16:24)

선교의 역사에 있어서 보게 되는 아픔 중의 하나를 신축민요에서 보게 됨니다. 이는 천주교 선교의 폐해를 우리들에게 보여줍니다. 천주교는 한국 선교에 있어서 많은 환난과 핍박을 당하고 순교의 피를 많이 흘려야 했습니다. 그러나 정작 포교가 자유롭게 되고, 더 나아가 힘과 권력이 생겼을 때의 모습은 참으로 의외의 모습이었습니다.

천주교가 본격적으로 제주에 들어온 것은 대략적으로 조불수호조약이 체결된 1886년부터로 볼 수 있으며 프랑스와의 통상조약의 체결은 포교의 자유를 전제로 한 특징을 가집니다.

내적으로는 빈곤과 버림받음으로, 외적으로는 탐관오리의 횡포와 왜적의 침입으로 억압과 수탈 속에서 살아온 제주도민들에게 천주교리의 빈부귀천을 따지지 않음은 큰 감동을 주는 것이었습니다. 천주교는 하나의 감동이고 이상이 되어 짧은 시간 내에 커다란 세를 가지게 되었습니다.

위기는 언제 옵니까? 위기는 평안할 때에 옵니다. 교회가 환난과 핍박을 받을 때에는 오히려 믿음을 지키고 승리하나 평안할 때에 믿음은 왜곡됩니다.

조선말에 천주교 신부는 고종에게 '여아대' 즉 '자신과 같이 대우하라'는 패를 받아 치외법권 이상의 특혜를 받게 됩니다. 중앙정부는 무기력하였고 지방 관리의 힘은 일개 신부만도 못하였습니다. 천주교가 가진 이와 같은 특혜와 세력화를 오히려 이용하고자 하는 무리들이 있었습니다. 곧 믿음보다는 천주교를 하나의 기회로 엿보는 이들이었습니다. 범죄한 사람들이 선교사의 비호 아래 처형을 면하였고, 죄를 짓고 옥에 갇힌 천주교인을 옥문을 부수어 빼어가는 만행이 일어나기도 하며[2] 교인들을 훼방할 때에는 끌고 와서 죽이는 일까지 일어났습니다.[3] 더 나아가 천주교인인 강봉헌이 봉세관으로 임명되어 세금을 걷을 때에 불량 교인들을 통해서 각종 세목으로 증세하여 가혹하게 토색하는 일이 일어났습니다. 그럼에도 불구하고 포교를 목적으로 한 천주교의 선교사들은 사람들의 잘못된 행동을 고치지 못하고 오히려 비호하였습니다.

마침내 천주교의 이와 같은 폐단에 시정을 요구하는 민회가 조직되었습니다. 이미 지방 관리의 힘이 무기력함에 대한 자구책이었습니다. 봉세관의 문제와 천주교의 폐단에 대한 시정 요구를 위한 민회의 규모는 점점 커져 갔으며 천주교인들은 두려운 나머지 선제공격을 하게 됩니다.[4] 천주교

---

2 김창수 군수는 범법한 서주보, 정병조, 이범주를 투옥시켰으나 구마슬 신부는 직접 감옥 자물쇠를 부수고 천주교인인 이범주를 데리고 나오며, 천주교인이 아닌 서주보와 정병조까지 데리고 나왔으며, 이에 대해서 김창수 군수는 무기력하였습니다.

3 이는 1901년 전 훈장 현유순과 오신낙 치사 사건입니다.

4 1차 공격은(5월13일) 구마슬 신부와 약 300명의 천주 교인이 성남 1리에 집회에 창을 휘두르고 엽총을 발포하여 오대현 외 5명을 체포하며, 2차 공격으로(5월15일) 대정현에서 무기고를 빼앗고 구타 및 발포하였으며, 3차 공격은(5월17일) 남문 밖 광양촌에서 무차별 발사함으로 40여명의 사상자가 발생합니다. 격분한 인민들은 결국 민병을 조직하고 도리어 천주교인들을 학살하기 시작하였습니다.

신부와 교도들의 제압은 민회가 민군이 되는 계기가 됩니다. 성 밖의 민군과 성 안의 천주교인의 대치는 성 내의 제주 주민들의 민군 지지로 성문이 열리고 많은 천주교인들에 대한 학살이 이루어집니다. 신축민요 때에 살해된 천주교인들은 제주의 전체 천주교인의 약 4분의 1이 되는 500명에 이릅니다. 민란은 결국 프랑스 함대가 제주에 들어감으로 수습 국면으로 전환됩니다. 정부는 이 일의 처리에 있어 외교 문제로 비화되는 것을 원치 않았으며, 이재수, 오대현, 강우백 등이 사형되었고, 천주교 신부와 교인들에 대한 배상이 이루어졌습니다.

신축민요는 제주도민에게 아픈 상처를 남겼습니다. 천주교의 폐단으로 말미암은 많은 사상자를 냈음에도 불구하고 민란의 일으킨 자들에 대한 처벌만 있었을 뿐 이 사건의 직접적인 원인이 되는 천주교 교인들은 단 한 사람도 처벌되지 않았습니다. 신축민요는 그 발단과 결과까지 모두 정의롭지 못함으로 말미암아 선교의 커다란 장애가 되었습니다.

그러나 하나님께서는 이러한 척박한 땅에도 복음의 씨앗을 떨어뜨리셨습니다. 가장 복음화가 이루어질 수 없는 이곳에 하나님께서는 한 사람 강한준을 통해서 놀라운 일을 시작하셨습니다.

강한준이 이 민란에 어떠한 역할을 하였는지는 알 수 없으나 그는 쫓기는 몸이 되어 인천으로 향하는 배의 짐짝에 몸을 숨긴 채 밀항을 합니다. 혹자는 강한준의 모습이 민란의 주동자인 이재수와 닮아서 도망자가 되었다고 하나 확인할 수 있는 바가 아니며, 아마도 민란에 깊숙이 관여하였을 것으로 추정됩니다. 무사히 인천에 도착한 강한준은 당시 인천의 한 외국인 감리교 선교사의 댁에 머뭅니다. 천주교의 폐단에 대한 민란에 참여한 자에게 개신교의 도움을 받으며 복음의 씨앗이 그 안에 심긴 것입니다.

제주에서 인천으로의 여정은 도피였으나 하나님의 섭리 가운데는 복음을 위한 부르심이었고, 또 한 번의 새로운 이주가 더 있게 되는데 바로 하와이로의 이민입니다.

미국 본토의 설탕 수요가 비약적으로 증가함에 반해 미국 남부에서 공급이 어려움으로 기후 조건이 최적화된 하와이에서 19세기 중엽부터 사탕수수 농장이 비약적으로 증가하게 됩니다. 하와이 원주민에 의한 노동력의 한계로 중국의 노동력을 받아들였으나 1882년 중국인 배척법으로 중국인을 고용할 수 없었고 일본인 노동자를 받아들였으나 그들은 노동 운동을 조직적으로 전개함으로 농장주들의 거부를 받았습니다. 이러한 상황 속에서 농장주들은 조선인 노동자를 선택하게 됩니다.[5]

---

5 하와이 이민에 대한 자세한 이야기는 '인천편'에서 자세히 다룹니다.

박물관은 2003년 미주 이민 100주년을 맞아 인천시에 한국이민사박물관을 건립을 결의하여 이루어졌습니다. 준비 과정을 거쳐 2008년에 개관하였습니다.

갤릭호 모형

| 칼 귀츨라프의 꿈

1902년 12월 22일 월요일 121명의 하와이 이민단은 인천 제물포에서 일본우선회사 현해환(겐카이마루)에 승선하여, 이틀 뒤 12월 24일 일본 나가사키 항에 도착하였습니다. 검역소에서 신체검사 과정에서 19명이 탈락하고 갤릭 호를 타고 출항하여 1월 13일 하와이 호놀룰루에 도착합니다. 총 102명으로 부인 21명, 아동 25명, 성인 남자 56명이었습니다. 이후에 총 64회에 걸쳐 7415명이 하와이 이민(1903-1905)이 이루어집니다. 102명의 하와이 첫 이민자 중에는 50명이 내리 교회의 교인으로서 선상 예배를 드리는 가운데 8명이 개종하게 됩니다. 고된 이민 생활을 하였지만 그들은 결코 고국을 잊지 않았습니다.

강한준은 1903년 10월 5일 시베리아호를 타고 하와이의 호놀룰루 항에 도착하였습니다. 그가 있었던 곳은 마우이섬의 파이아 농장이었으며 이곳에 세워진 한인 교회인 파이어 스플렉스빌 한인 교회에서 신앙생활을 하였습니다. 27세의 청년으로 처음에는 사탕수수 농장의 현장에서 일하다가 이후에는 사탕수수 공장으로 옮깁니다. 하와이 농장에서의 고된 생활은 이루 말할 수 없었습니다. 그들은 하와이 이민에 필요한 여비와 지참금을 선불로 지급됨으로 시작부터 빚을 갚아야 했으며, 하루의 10시간의 노동을 하며 남자는 67센트, 여자는 50센트를 받았습니다. 그러나 강한준은 처음 고된 생활과 달리 사탕수수 공장 전기 기술자가 되었을 때는 고난을 벗어날 수 있었습니다. 당시 월급이 15-20달러에 이르러 안락한 삶을 꿈꿀 수 있었을 것입니다. 그러나 그의 마음은 고향 땅에 있었습니다. 복음으로 말미암은 새로운 삶을 사는 그에게 복음의 불모지인 고향은 언제나 아픔이 되었습니다. 복음에 관하여서는 고향 땅에 전도비를 전달하였고, 민족을 향하여서는 조국의 독립을 위해 1909년 결성된 '하와이 대한인국민회'의 1914년 지방 대의원에 그 이름을 올렸습니다. 국민회는 해외독립운동의 시초가 되어 독립자금을 모금하고 다음 세대들에게 애국을 교육하는 구심점이었습니다.

그러므로 그는 장로교 전남노회에 다음과 같은 편지를 보낸 것입니다.

'매년 미화 60원씩 5년 동안 보낼 테이니 내가 살던 법환리에 전도인 한 사람을 세워 주십시오'

제주도는 선교분할 정책에 의해 미국 남장로교회가 맡고 있었기에 강한준은 감리교회에 속해 있었으나 그의 헌금은 장로교 전남 전도국으로 전해진 것으로 여겨집니다. 처음 5개월 동안은 매달 15원을 보냈고 이후 5년간 꾸준히 25원을 보냈습니다. 당시 제주도 선교사 월급이 22원 정도였으므로 그가 보낸 전도비는 한 사람의 전도인 1명의 전담하였다고 할 수 있습니다.

강한준 권사가 보낸 전도비로 윤식명 목사와 동역자들은 법환리를 특별 전도구역으로 정하고 꾸준히 오가게 됩니다. 대정 모슬포 교회 윤식명 목사와 지방 조사 원용혁 씨가 법환리를 시찰, 전도하였으며 조천리 여전도인 천아나가 3개월 동안 전도하고 김윤숙 전도인을 3년간 시무케 한 것이 법환교회의 시작입니다. 마침내 1917년 10월 1일 법환교회는 윤식명 목사 1대 부임으로 창립에 이르게 됩니다.

강한준 가족사진

인천 월미도에 위치한 한국이민사박물관에서 강한준의 이름을 찾는 일은 어렵지 않습니다.

05

제주의 첫 번째 목회자/순교자
이도종 목사

대정교회

제주의 첫 번째 목회자/순교자
이도종 목사[1]

금성리 공동체와 이도종 #이도종의 가정

조천교회에서 다시 금성리교회로 돌아와서 살필 인물은 이도종 목사입니다. 그는 제주 출신의 첫 번째 목사이며, 또한 4.3 사건 때에 제주의 첫 번째 순교자가 되었습니다. 제주 교회사에 있어 이도종 목사의 이야기는 제주의 자생 공동체인 금성리 공동체로부터 4.3 사건과 순교 이야기까지입니다. 이기풍 목사와 더불어 이도종 목사 또한 제주 선교 역사

이도종의 평양신학교 졸업 사진

의 그 시작부터 같이 한 사람으로서 제주 교회의 기틀을 세우는데 큰 공헌을 세웠습니다. 이와 같이 이도종 개인의 인생사를 간략하게나마 살펴야 하는 이유는 이도종의 삶은 한 개인의 삶을 넘어 제주교회의 역사를 담고 있기 때문입니다.

그의 발자취를 따라갈 때에 우리는 금성, 협재, 삼양, 봉월, 월성, 김제, 서

---

1 박경식, '이도종 목사', 김인주(편), 『제주교회 인물사 1』(제주: 평화출판사, 2013), 63-121쪽.

| 칼 귀츨라프의 꿈

귀포, 효돈, 법환, 중문, 표선, 성읍, 남원, 신풍, 고산, 두모, 조수, 용수 등 약 20여 개의 사역지를 살펴볼 수 있습니다.

이도종 목사는 1892년 9월 13일에 애월 금성리에서 태어났습니다. 당시 이장이었던 이덕련과 그의 아내 박열선 사이에 5남 3녀 중의 장남이었습니다.

이호리 공동체와 같이 제주의 자생적 공동체인 금성리 공동체는 조봉호 가정과 더불어 이도종의 가정이 주축이 되었습니다. 이도종은 어린 나이에 예수를 영접하였을 뿐만 아니라 신앙의 연조가 길지 않음에도 불구하고 3대의 신앙을 가질 수 있었습니다. 곧 그의 할머니인 송정순 씨가 먼저 예수를 믿고, 아버지 이덕련이 예수를 믿을 뿐만 아니라 드물게도 그의 가족 공동체 전체가 예수를 믿었기 때문입니다. 그러나 시련이 없었던 것은 아닙니다. 이덕련의 모친인 송정순은 예수를 믿음으로 남편으로부터 갖은 구박을 받아야 했으며, 어머니의 신앙을 따른 이덕련 또한 예수를 믿음으로 친척들로부터 멍석에 둘둘 말려 도리깨 몽치로 맞기까지 하였습니다. 그러나 믿음과 신앙을 지켜 그의 가족 공동체 전체를 믿음의 공동체가 되게 하였습니다. 이와 같은 할머니 송정순, 아버지 이덕련의 신앙심은 어린 시절의 이도종에게도 큰 영향을 끼쳤으며 송정순이 별세할 때에 제주에서 최초의 기독교식 장례를 치르게 됩니다. 강화도의 고 씨 부인이 별세할 때에 상가에

슬피 우는 곡 소리 대신 오히려 찬송을 부르며 십자건을 쓰고, 산소에 비석 대신 십자패를 세웠습니다.[2] 이와 같은 기독교 장례식의 제주의 첫 번째는 이도종의 할머니 송정순 씨 때였습니다.

마을의 궂은일들을 잘 처리하고 부지런하며 성실하게 12년 동안 이장의 일을 맡았던 아버지 이덕련 밑에서 이도종은 목회자로서의 소양을 아름답게 준비하였습니다. 이덕련은 자녀에 대한 교육열이 높아 도종이 어렸을 때부터 소학, 대학, 논어, 중용에 이르기까지 한학 공부를 시켜 이도종의 강도집을 보면, 한글보다 한문으로 기록하는 것을 훨씬 더 쉽게 여겨 순교 직전까지도 한문으로 설교 원문을 썼습니다.

19세가 되는 1910년 초에 이웃 마을 김도전과 결혼한 이도종은 일제강점기인 한일합방을 겪으며 국권을 빼앗긴 비참한 시절에 배움을 통해 암울한 시대를 헤쳐 나갈 수 있다는 신념을 가지고 아직 신혼을 시작한 지 불가 몇개월 후인 10월에 평양 숭실학당에 유학하였습니다. 평양 숭실학당은 민족의 지도자와 교회의 지도자를 양성하기 위한 목적으로 배위량 선교사와 소안론 선교에 의해 설립된 학교였습니다. 이도종은 어릴 적부터 학문에 익숙한지라 비록 신학문이지만 뛰어난 학업능력을 보였습니다. 그러나 1913년 졸업을 한 해 앞두고 동생 의종이 오산학교에 입학함으로 가정 형편상 다

---

2 임경묵, 『경계에 선 사람들』(인천: 도서출판 다바르, 2022), 61쪽.

│ 칼 귀츨라프의 꿈

시 제주로 돌아와야 했고 당시 아버지가 운영하였던 '상해양행'의 일을 도왔습니다. 아버지는 개화의 시기에 이를 기회로 신식 물건을 들여와 장사하기 시작하였습니다. 이도종은 자신의 학업뿐만 아니라 장남으로서 가정에서 자신이 짊어져야 할 짐을 함께 하였습니다.

소명으로부터 김제사역까지 #협재교회 #삼양교회

이도종은 1919년 만세 운동의 결실로 수립된 상해 대한민국 임시정부를 돕는 '독립희생회'를 위한 군자금 모금 사건에 연류하여 제주에서 검거된 60명 중의 한 사람이었습니다. 앞서 언급한 바와 같이 이 일로 금성리 공동체의 주역인 조봉호는 옥중에서 순국하였으며, 6개월간의 취조와 고문을 받고 석방되었던 이도종은 한쪽 다리를 저는 후유증으로 평생을 보내야 했습니다. 비록 저는 다리로 평생을 살아야 했지만 이는 그에게 평생 자신이 살아야 삶에 대한 이정표의 흔적이 되었습니다.

1920년 6개월의 고문을 받고 만신창이의 몸으로 출옥하여 모든 것이 암울하며 무기력했던 이도종은 같은 동네의 선배이며, 형님이었던 조봉호의 죽음으로 더욱 아픔과 비통함에 젖었습니다. 그는 만주로 건너가 독립운동에 합류할까 하는 고민도 가졌습니다. 그러던 어느 날 귀한 깨달음의 음성을 듣게 됩니다. 하나님께서는 어려울 때마다 그분의 음성을 허락하여 주시는 것입니다.

협재교회는 이도종 목사가 개척한 교회이며 동시에 이도종 목사의 첫번째 목양지라는 데에 큰 의미가 있습니다.

삼양교회는 이기풍 선교사의 전도로 1915년 10월 1일 삼양 2리 신평석씨 댁에서 드린 예배가 최초의 예배 기록이며 이를 창립일로 삼고 있습니다.

"이제 너는 못난 조상들 때문에 잃어버린 나라를 되찾겠다는 것보다 다가올 하늘나라를 회복하는 일에 매달려야 한다"

마침 1921년에 모슬포교회의 초대 신자인 최정숙 영수가 많은 자금을 교회에 헌납하며 제주 마을 중 교회가 없는 큰 동리 지역에 자비로 전도인을 파송하는 일이 있었으며, 윤식명 목사는 최정숙 영수에게 도종을 소개하여 그를 협재리 전도인으로 파송하여 협재교회를 개척하게 하였습니다. 이는 이도종의 첫 번째 목양입니다. 이렇게 1921년 2월 11일에 협재교회가 시작되었습니다. 자신의 구원을 은혜에 대한 보답으로 세워진 협재교회는 최정숙 영수에게도 이도종에게도 의미가 있는 교회가 되었습니다. 우리에게는 많은 감사가 있습니다. 그러나 신앙의 선배들은 그 어떠한 감사보다도 먼저 자신의 구원에 대한 감사가 있었으며 이에 대한 응답의 역사가 있었음을 기억하여야 할 것입니다. 강화 순례 이야기에서 살펴본 홍익교회의 종순일의 이야기나 제주 순례 이야기에서 모슬포 교회의 최정숙 이야기나 그들의 감사는 그들에게만 있었던 그 어떠한 다른 감사가 아닌 우리들이 다 일반적으로 받은 구원의 감사였습니다. 우리의 구원은 결코 작은 감사일 수 없는 것입니다.

협재교회에서 목양의 첫발을 디딘 이도종은 자신의 소명을 확신하고 정식으로 신학교에 입학하기로 결단하게 됩니다. 이도종은 1922년 3월 2일 평양 조선예수교장로회의 신학교에 제주 출신으로 처음으로 입학을 하게 됩니다. 이때 입학 동기생 중에서는 주기철도 있었습니다. 한국 교회사에 있어서 중요한 두 사람의 순교자들의 만남이 있었던 것입니다.

이도종은 2학년을 마치고 다시 가정 형편상 휴학을 하고 아버지의 주선으로 삼양교회에 전도사로 부임하게 됩니다. 삼양교회는 1915년 10월 1일 이기풍 선교사의 전도로 제주시 삼양2동 신평석 씨 댁에서 예배를 드림으로 교회가 시작되었습니다. 이듬해 오주병 교우가 초가 3칸을 예배당으로 헌납하였으며 1918년에 김창국 목사가 처음으로 부임하여 1922년에 삼양2동에 초가 35평의 예배당을 건축하고 사임하였으며, 2년 후에 김정복 목사가 부임하였으나 이도종이 부임할 때에는 교역자가 없었던 때였습니다. 이도종은 열심을 다하여 2년간 200여 명의 교우들이 있었던 삼양교회를 섬겼습니다.

#월성교회 #봉월교회 # 김제중앙교회

1926년 신학교로 돌아와 졸업반으로 복학한 이도종은 한 학기만을 마치고 다시 목회지로 향하여 김제 서쪽의 월성과 봉월 두 교회를 섬기게 되었습니다. 이 또한 이전에 최정숙 영수를 소개해 줌으로 협재교회에서 목양의 시작을 도운 윤식명 목사의 추천이 있었기 때문입니다. 월성과 봉월은 제주의 삼양교회와 달리 교세가 매우 약할 뿐만 아니라 동학난의 근거지로 목회적 토양이 매우 어려운 지역이었습니다. 이도종은 월성과 봉월 두 교회를 섬기던 1926년에 마침내 제20회 조선예수교장로회 신학교를 졸업하고 이 듬해인 1927년 1월 12일 전북노회 노회에서 강도사가 됩니다.

1. 월성교회 2. 봉월교회 3. 김제중앙교회

1927년 전주 서문밖예배당에서 제21회 전북노회가 열렸는데 윤식명 목사가 시무하였던 김제읍교회에서 이도종 강도사를 목사로 청빙 하는 청원서가 올라왔습니다. 김제읍교회는 김제에서 제일 큰 교회일 뿐만 아니라 전북노회 산하 74개 교회 중에서 4번째 교세를 가진 교회였습니다. 윤식명 목사가 4년 3개월 동안 교회를 시무하였으나 교회신축을 앞두고 사임하고 7개월째 공석이었던 상황이었습니다. 김제읍교회의 청빙에 따라 1927년 6월 26일에 이도종은 목사안수를 받고 김제읍교회를 섬기기 시작하여 1928년에 김제읍내 중심부에 새 예배당을 건축하고 교회명을 김제중앙교회로 변경하여 더욱 성장시켰습니다.

그러나 부흥하고 행복했던 이도종 목사의 김제중앙교회에서의 사역은 오래가지 못했습니다. 교인 결혼식 주례사 중 시국발언을 하였다는 이유로 연행하여 투옥되는 사건이 있게 됩니다. 일제강점기 시절 제주도 독립자금 사건으로 요주의 인물이었던 이도종 목사는 항시 위험인물이었습니다. 김제 경찰들의 협박이 있었지만 금식하며 기도하는 중 이도종은 이를 고향 땅 제주의 교회와 영혼들을 위한 부르심으로 깨닫고 전북노회 임시회에 시무사면서를 제출하고 제주를 관할하고 있는 전남노회에 이명을 하게 됩니다.

제주의 입도와 전도목사 사역 #서귀포교회 #중문교회 #효돈교회
이도종 목사는 첫 번째 제주 출신의 목회자가 되어 1930년부터 총회 전

칼 귀츨라프의 꿈

도부에 속한 제주도 전도목사로 활동을 시작하게 됩니다. 황해노회에서 파송했던 양성춘 목사의 퇴임으로 그를 대신하는 사역으로 시무구역은 서귀포, 중문, 법환, 효돈 4개 처소였습니다.

1928년 양성춘 목사가 파송을 받아 제주도에 오게 되고, 당시 법환리교회에서 신앙 생활을 하던 박경옥 씨 가정에서 박경옥, 고광춘, 강정국, 조승화, 문경옥, 오정순, 최신실 등이 그해 2월 8일 수요일에 모여 예배를 드린 것이 서귀포(서귀포제일)교회의 시작입니다. 1966년 4월 지역개발에 따라 제50회 제주노회에서 교회 분립 허락을 받고 서귀포교회(위) 서귀포제일교회(아래)로 분립하게 되었습니다.

제주중문교회는 1912년 제주성내교회의 신앙사경회에 참석한 전남 강진군 고도면 출신의 최대현 씨가 중문리에 정착한 후, 1915년 □월 15일 최대현, 허은 부부가 전도한 이기언, 강규언, 김성하, 고경돌, 이성윤, 이기보가 최대현의 집에 모여서 첫 예배를 드림으로써 시작되었습니다.

제주중문교회는 해방 후에 이□ 장과 기장이 나뉘면서 기장 측□ 이 예배당 남쪽 50미터 지점에□ 대지를 구입하고 예배당을 신□ 축하였습니다. 그러나 1963년□ 3월, 기장 측 교회 김성태가 갈□ 로가 양분된 두 교회를 중문교□ 회로 합치자는 제의를 하였고□ 그것이 받아들여져 비로서 1□ 년 만에 다시 하나가 되는 기□□ 을 누리게 되었습니다. 제주중□ 문교회는 분열의 역사와 화□□ 의 역사를 모두 안고 있는 의□□ 있는 교회입니다.

지금의 효돈교회는 1951년 1월 9일 6.25전쟁으로 피난 온 성도들이 효돈마을 향사를 빌려 드리기 시작하였습니다. 신효 향사에서는 교역자들이, 하효 향사에서는 일반 평신도들이 모여 예배를 드렸습니다.

#남원교회 #표선교회 #성읍교회

1932년 2월 산남 동부지역 전도목사인 이도종은 처음 남원을 찾았습니다. 이도종은 전도활동을 위해 남원리 99번지에 방 한 칸을 얻어 지역전도를 위해 힘썼으며 그 결과 오성원, 강기정 씨 부부를 포함한 장년 10여 명과 유년 10여 명이 1932년 10월 15일 오성원의 자택에서 예배를 드렸는데 이것이 남원교회의 시작입니다. 이듬해 제주노회에서는 교회 설립을 허락하고 1933년 9월 7일 남원교회가 설립되었습니다. 이도종 목사의 사임 후 장항선 장로, 좌한경 전도사, 강홍섭 장로, 이덕련 장로(이도종 목사 부친)가 시무했습니다.

남원교회는 협재교회와 같이 이도종에 의해서 개척된 교회입니다. 신설된 기도처는 교회로 발전하게 됩니다.

　　1934년 5월 1일에 열린 제5회 제주노회에서는 노회구역을 5 구역으로 나누고 5인 목사에게 맡기기로 하였는데 이때 이도종 목사는 표선과 성읍을 할당받았고 자전거를 타고 중산간 마을인 성읍에서 해안 가까이에 있는 표선리 마을의 성도 집들을 방문하며 전도활동을 이어갔습니다.[3] 1928년 이후 12년 동안 성읍교회는 교역자를 모시지 못하는 상황이었고, 표선리 마을에는 아직 교회조차 세워지지 않았습니다.

3　김석주 '이도종 목사', 김인주(편),「제주교회 인물사1」(제주: 대한예수교장로회 제주노회, 20130, 63-121쪽.

익 표선교회는 1948년 8월 5일 미국 남장로교 선교부에서 손정현 장로를 전도인으로 파송하여 개인사가 한 칸을 얻어 예배드린 것이 익 시작입니다.

성읍교회(위)
제주 성읍민족마을(아래)

고산으로 이주 #고산교회 #용수교회 #두모교회 #조수교회

　1937년 2월부터 1939년 5월까지 약 2년간은 고산교회 위임목사로 고산
교회를 목회하면서 인근 용수교회, 두모교회, 조수교회를 함께 맡아 순회목
회를 병행하였습니다. 이 4개의 교회는 특별히 김기평의 전도에 의해서 직
간접적으로 세워진 교회들입니다. 가히 김기평은 골로새의 에바브라의 역
할을 감당한 것입니다.

고산교회는 1916년 열심있는 평신도 전도자인 김기평의 전도를 받아 서관오, 위국진, 추씨산옥 등이 예수를 믿게 되었
고 고산리 2728번지에서 기도회로 모임으로 시작하였습니다.

용수교회 안에는 세 교회의 역사가 담겨 있습니다. 첫째, 지사포교회입니다. 1908년 김기평이 용수리 대정골에서 전도지 한 장을 받아 읽고 100여 리 먼 길을 걸어 제주 성내에 있는 이기풍 목사를 찾아 만나서 복음을 받아들여 부부가 함께 예수를 믿고 1913년 2월 11일 세례를 받았습니다. 김기평의 전도로 모인 사람들과 함께 김기평 씨 자택에서 기도회로 회집하면서 1914년 12월 창립예배를 드리고 교회 이름을 지사포교회로 불렀습니다. 둘째, 용수교회입니다. 1921년 봄에 윤식명 목사의 전도로 이봉춘이 예수를 믿게 되었습니다. 그는 용당리 주전동에 교회 부지 60평을 헌납하였고, 교인들이 금 60원을 헌금하여 예배당 초가 3칸을 건축하고 교회명을 용수교회라고 하였습니다. 셋째, 용수제일교회입니다.

먼저 1937년에 지사포교회와 용수교회가 하나로 합병되었고, 2009년에는 목회자가 유고하였던 용수제일교회와 합병하여 오늘날 용수교회가 되었습니다.

용수교회는 지금은 비록 작은 교회이지만 이 용수교회를 통해서 고산교회, 두모교회(한경교회)가 세워지고, 두모교회를 통해서 조수교회가 세워짐은 큰 의미가 있습니다. 특별히 용수리에서 성내교회까지 30리 길을 걸어서 이기풍 목사가 인도하는 예배를 참석했고, 초기 산남지방 전도에 큰 역할을 하였으며 훗날 용수교회의 초대장로가 된 김기평을 잊어서는 안 될 것입니다.

한경교회의 옛 이름은 '두모교회'입니다. 한경교회는 1920년 3월 3일 설립했습니다. 두모리 고태행, 신창리 좌계옥 등이 용수리 김기평의 전도로 예수를 믿었고, 양인규, 양의봉 등이 모슬포교회 윤식명 목사, 원용혁, 김진배 전도인 등을 통해 복음을 받아들이고 기도회로 모임으로 시작하였습니다.

1920년대 중반부터 조수리 사람들이 복음을 받아들이기 시작하면서, 두모교회(한경교회)에 출석하였습니다. 중산간 마을에서 해변까지의 먼 거리를 다니며 신앙생활하던 신앙인들이 조수리 문성주 씨의 집에서 1932년 1월 24일 김재선 목사를 모시고 첫 예배를 드렸습니다. 1934년 4월, 조수리 370-1번지 118평 부지의 초가를 매입하고, 6월 1일 제주노회 조수교회로 출범하였습니다.

지역 교회뿐만 아니라 이도종 목사는 노회적으로도 중요한 역할을 하였으며 영광과 수치를 다 받았습니다. 제주 출신의 첫 번째 목사인 이도종 목사는 제주의 첫 번째 장로인 김재원 장로와 함께 1930년 제주노회 창립에 크게 공헌하였고, 1935년 제6대 제주 노회장으로 선출되어 한반도를 거쳐 만주지역 교회들을 순회하며 모금활동을 하여 지금의 제주 YMCA 건물자리에 제주성경학원을 세워 제주교회를 위한 교역자와 일꾼들을 양성하였습니다.

　　1938년 4월, 일제의 가혹하고 철저한 탄압과 협박 속에 진행된 제주노회의 신사참배 결의 때에 이도종은 노회장의 연임으로 투표권조차 행사 없이 제주노회 신사참배를 결의함의 비통함과 수치의 현장에 있게 됩니다. 그러나 일제의 계속된 압박과 회유에도 신사참배 결의를 위해 소집된 평양총회에 장로 총대인 두모교회 김계공 장로와 참석 거부키로 하여 제주노회가 전국 노회 중 총대 전원이 참석 거부한 노회가 됩니다.

　　1939년 5월 2일 삼양교회당에서 열린 제10회 제주노회에서 이도종 목사는 고산교회의 위임목사직과 두모, 서귀포, 법환, 중문교회 당회장 시무사면을 청하여 허락받고 다시 전도목사로 자원합니다. 고산교회에서 2년간 목회하며 100여 명의 성도들을 200명 이상으로 성장시켰음에도 불구하고 성장과 부흥 후에 오히려 사임하고 더욱 어려운 교회를 찾아 험난한 전도목사의 길을 다시 자원하는 모습 속에는 사도 바울의 뒷모습을 엿볼 수 있는 것입니다. 더욱이 제9회 제주노회에서 범한 신사참배에 결의에 대한 제주 교회의 지도자요, 첫 번째 목회자요, 노회장으로서의 책임을 통감하며 책임 감 있게 반성하고 물러설 줄 아는 것은 참으로 제주 교회뿐만 아니라 한국 교회의 귀감이 될만한 것입니다. 이후 이도종은 자택에서 가까운 용수교회 에서 조용히 목회에 전념하게 됩니다.

그러나 역사적인 상황은 일선에서 물러난 이도종 목사를 다시 부르게 됩 니다. 곧 1943년 5월 장로교회를 비롯한 모든 기독교 교단을 해체하고 '일 본기독교 조선교단'의 어용교단으로 통폐합시키며 태평양전쟁의 군수물자 지원에 교회의 종, 헌금, 건물 등을 강출하는 비상시국에 이도종은 1944년 부터 그가 순교하게 되는 1948년까지 한림교회를 담임하던 강문호 목사와 더불어 노회장과 부노회장을 번갈아 맡으며 노회를 지켜나가게 됩니다. 해 방 전에 이도종, 강문호, 조남수 목사는 목양지를 지키며 제주노회 회복을 위해서 힘썼던 이들입니다.

해방 후에 제주 선교에 큰 도움을 준 선교회가 있었습니다. 일립동신회는 제주 출신 신앙인들이 모인 선교회로 이도종 목사의 요청에 의해 1947년 에 순회 전도대를 제주로 파송하여 제주도 전역에서 전도집회를 가졌으며 대정, 화순교회의 전도목사로 이도종 목사를 후원하였습니다. 이 시기에 이도정은 고산마을 자택에서 자전거로 두 교회를 섬겼으며, 중산간 지역의 조수교회까지 돌보았습니다.

제주 4.3 사건과 제주 교회의 첫 번째 순교자 #대정교회 #화순교회

이제 마지막으로 살필 것은 제주 4.3 사건과 이도종 목사의 순교 이야기입니다.

민족의 비극 제주 4.3 사건

1947년 3.1로부터 시작된 4.3 사건은 1954년 9월 21일에 한라산 금족령이 해제됨으로 약 7년 7개월에 이릅니다. 제주 4.3 특별법은 4.3 사건을 '1947년 3월 1일을 기점으로 1948년 4월 3일 발생한 소요사태 및 1954년 9월 21일까지 제주도에서 발생한 무력충돌과 그 진압과정에서 주민들이 희생당한 사건을 말한다.'라고 규정하고 있습니다.

4.3은 참으로 무거운 주제입니다. 오랫동안 뭐라 말할 수 없어 침묵하였던 우리 민족의 큰 아픔입니다. 지금도 여전히 그리 쉽게 이야기하고 판단할 수는 없습니다. 섣불리 정치적인 용어로 풀 때에는 서로에게 상처만 남기고 끝없이 평행선을 달릴 수밖에 없습니다. 그러나 분명한 것은 이 아픔은 증오와 다툼이 아닌 화해와 상생이라는 미래 가치로 나아가야 할 것입니다. 저주의 십자가가 사랑과 은혜의 십자가가 되었듯이 아픔과 상처의 4.3

이 화해와 용서로 빛을 발하여 새로운 의미를 담는 새 그릇이 되기를 더욱 기대합니다.

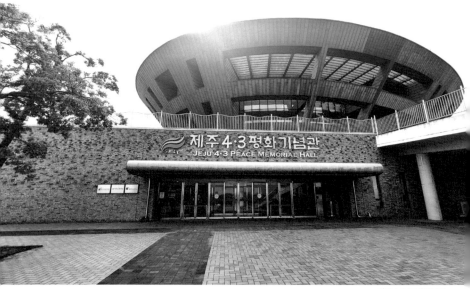

제주 4.3 평화기념관

"모두가 희생자이기에 모두가 용서"
"We Forgive All Because We Are All Victims Ourselves"

ㅣ 칼 귀츨라프의 꿈

오늘날 4.3은 남북의 극심한 이념 대립의 산물에서 평화, 통일, 인권의 상징으로 새롭게 조명되고 있습니다. 제주 4.3 평화 기념관에서 볼 수 있는 "모두가 희생자이기에 모두가 용서"라는 글귀가 오래 남습니다.

정부는 2014년에 4.3을 법정 기념일로 공식 선포했습니다. 4.3은 더 이상 제주도민의 역사가 아닌 분단과 이념적 갈등과 냉전의 모순 속에 국가 폭력이 더하여진 불행한 사건으로 전 국민이 인식하고 기념해야 하는 것입니다.

그럼 과연 그날에 무슨 일이 있었던 걸까요?

1945년 8월 15일, 36년간 일제 강제기로부터의 해방의 감격은 오래가지 않았고, 미국과 소련에 의한 군정의 실시로 낯선 3.8선은 민족의 분단의 선이 되었습니다. 해방 후 1948년 8월 15일 대한민국 정부가 수립되기 전까지 한반도는 극심한 좌우 이념의 대결 속에서 혼란 가운데 있었습니다. 4.3 사건은 바로 이 시기에 있었다는 것을 간과해서는 안될 것입니다.

4.3 사건은 1947년 3.1절 기념일에 군중과 경찰의 충돌로부터 시작됩니다. 기마경찰이 어린이를 치고 사과도 없자 성난 군중이 돌을 던지며 항의를 하자 이를 폭동으로 여긴 경찰은 발포하여 민간인 6명이 사망하고 10여

명이 부상을 입었습니다. 희생자 중에는 어린이와 젖먹이를 안은 여인까지 있었습니다. 당시 경찰은 일제 강점기에 부역한 경찰들이 그대로 그 자리를 차지함으로 군중의 신뢰를 받지 못하였습니다. 안타까운 것은 좌우의 극심한 대립과 혼란, 미군정, 남로당의 개입과 여기에 4.3 사건을 정권에 대한 가장 큰 위협으로 여긴 이승만 정부의 판단과 이에 대한 과도한 진압이 결국 대량 학살로까지 이어지게 된 것입니다. 4.3은 국제법이 금하고 있는 제노사이드를 범한 사건으로 당시 22만 제주민 중에서 약 10분의 1이 죽임을 당했습니다. 더욱 잔인한 것은 서북청년단 등 토벌대에 의해서 피해를 입은 사람들과 무장대에 의해 피해를 입은 사람들이 침묵 가운데 함께 이웃으로 살아가야 했던 것입니다.

한 가지 먼저 언급할 것은 4.3 사건에 의해서 교회가 입은 피해만큼, 그 이상으로 피해를 입은 많은 일들의 진상들이 하나씩 밝혀지기를 바랍니다. 어느 한쪽의 피해를 서술하며 결코 다른 한쪽의 눈을 감을 수는 없는 것입니다.

이도종 목사의 순교

※ 이도종 목사의 생애, 특별히 순교에 대한 보고에 관해서는 박경식 목사님께서 '제주교회 인물사 1'에서 집필하신 글을 대부분 그대로 인용하여 편집하였습니다. 추가적인 이도종 목사의 생애에 관하여서는 '제주 제1호

목사 이도종의 생애와 순교'를 통해서 살필 수 있습니다.

　4.3 사건이 제주에서 발생한 지 두 달이 지난 6월 16일 금요일에 이도종 목사는 평소와 달리 하루 전날에 집을 나섰습니다. 평상시 같으면 토요일에 인성(대정)교회에 가서 주일을 섬기고, 오후에는 화순교회 예배를 인도하였는데 이날은 하루 일찍 집을 나섰습니다. 아마도 평상시와 달리 하루 일찍 길을 나선 것은 불안하고 위험했던 시기에 교인들의 안위에 대한 걱정이 앞섰기 때문이었을 것입니다. 자신의 안전을 먼저 살피지 못하고 교인들에 대한 걱정스러운 마음에 안전한 해안 길로 돌아가지 않고 빠른 길인 동리 뒷길, 좁은 산길로 들어섰습니다. 폭동과 테러가 난무하던 때에 목사의 신분으로 중산간 지역을 순회하는 일은 목숨을 건 일이었습니다.

　이미 고산의 자택을 금요일에 출발하였으나 토요일이 지나고 주일이 되어도 대정교회 교인들은 이 목사가 나타나지 않자, 행여 무슨 사고나 났나 고산리 자택과 화순교회에 연락을 취하였으나 이도종의 행방은 알 수가 없었습니다. 수소문 끝에 이 목사가 무장대들에게 잡혀가는 것을 본 농부들이 있었습니다. 이 무렵이 보리 걷이를 하던 철이라 근처 밭에서 보리를 베던 농부들이었습니다. 여러 날이 지났음에도 불구하고 이 행방을 알 수 없어 가족들은 이 목사가 인민무장대에게 변을 당한 것으로 생각하고 시신이라도 수습하기를 바랄 뿐이었습니다.

안덕교회, 1979년 교회명칭을 화순교회에서 안덕교회로 개명합니다. 1935년 6월경 화순리 출신 양기웅, 고춘 씨가 당시 모슬포교회에 출석하며 양신애, 김부화, 이봉록(고춘 씨의 자부), 김자출(양영부 장로 조모), 임만화, 좌동욱, 문춘화, 김활수, 양정길, 좌영함 씨를 전도하여 이들이 1937년 2월 23일 모슬포교회에 출석하면서 화순리 318번지 고춘 씨(양용국 장로 조모) 집을 기도처로 정하고 예배를 드리기 시작하였습니다.

　1년이 지난 후 이도종 목사의 시신을 찾게 된 것은 '몽치'라는 별명을 가진 무장대 한 사람이 배가 고파 마을로 몰래 내려왔는데 하필 그가 내려온 것은 이 목사의 자택이 있던 동네 부근이었고, 이 몽치를 붙잡은 것도 다름 아닌 이도종 목사의 친동생인 기종과 성종이었습니다. 형제는 몽치의 허리 띠를 질끈 잡고 고산지서로 끌고 갔는데, 지서에서 그를 취조하는 과정에서 이도종 목사에 대한 순교 내용이 자세히 밝혀지고, 이 목사가 살해되어 방치된 장소까지 알게 되었습니다. 이도종 목사의 시신은 다 부패하여 형체를 알아볼 수는 없었으나 마지막 순간에 자신의 영혼을 주님께 의탁하고 엎드려 기도하던 그 자세 그대로의 시신을 발굴하게 되었습니다.

1948년 6월 16일 금요일 고산의 자택을 떠난 이도종 목사는 평상시에 같이 비둘기색 두루마기를 입고 자전거를 끌고 인성교회를 향하였습니다. 이도종 목사가 대정읍 무릉리 인향동 부근에 다다르자 갑자기 인민무장대들이 나타나 길을 막았습니다. 자신의 길을 막는 자들을 향하여 웬 분들이냐는 이도종 목사의 질문에 저들은 오히려 다짜고짜 자전거를 탄 이도종 목사를 끌어내리고 산속으로 끌고 들어갔습니다.

"당신은 뭐 하는 양반이오?"
"나는 하나님의 말씀을 전하는 기독교 교회의 목사요"

이미 모든 상황 속에서 두려움에 휩싸일 수 있음에도 불구하고 이도종 목사는 자신의 신분을 숨기지 않고 또렷이 대답하였습니다.

"목사? 목사는 우리와 원수요, 반동이니 죽여야 한다. 죽여라!"

살기 어린 저들의 외침은 마지막을 예감케 하였습니다. 그러나 자신의 신분을 숨기지 않았던 이도종 목사에게는 살 수 있는 한 번의 기회가 더 주어졌습니다. 그들 중에는 이도종 목사를 알아보는 이들도 있었습니다.

"좋소, 당신이 목사라면 이번 날리 중에 우리 측이 승리하게 해 달라는 기도를 할 수 있겠소? 만일 그런 기도를 한다면 혹시 당신을 살려줄지도 모르지…"

그러나 이도종은 저들의 비아냥거림에 의지하며 비굴함을 보이지 않았습니다. 오히려 이도종 목사는 단호하게 대답하였습니다.

"나는 이쪽 편도 저쪽 편도 아니라 하나님의 종일뿐이다. 하지만 나 살기 위해 하나님께 드리는 기도를 거짓되이 드릴 수 없다"

"이 목사 놈은 반동이니 죽여라!"

이미 이 목사에게는 죽음이 선포되었으나 그는 담대하게 마지막 강연을 그들 앞에서 할 기회로 삼았습니다. 자신의 생애의 생명을 건 마지막 설교를 저들에게 베풀 수 있었던 것입니다.

"당신들이 이렇게 사는 것은 하나님을 몰라 이렇게 사는 것이요 나는 비록 이렇게 죽지만 당신들은 나를 기억해서라도 자신들의 삶을 돌이키고 하나님을 찾고 예수님을 통해 용서받고 구원받는 길을 찾길 바라오. 나는 먼저 천국에 가 있을 터이니 후일에 모두 천국에서 만납시다"

이와 같은 죽음에 대한 두려움을 넘는 담대한 설교에 공비들조차 숙연해지고 현장에 있던 무장대 대장이 "저 목사는 결박하지 말라"는 지시에 따라 사형장으로 끌고 갈 때에도 이 목사를 결박하지 않고 공손하게 모시고 갔다는 것입니다. 이도종 목사는 자신이 매장될 구덩이에 들어가기 전에 자신의 가방을 잠시 달라고 하고는 성경책과 찬송가와 회중시계를 꺼낸 후에

"난 이제 하나님 앞으로 가니까 이런 것은 필요 없으니 당신들이 나눠가지시오, 부디 여러분도 예수 믿고 후일에 하늘나라에서 만납시다"

라고 한 후 일제 때 참호로 파놓은 제1호 구덩이에 순순히 들어갔습니다. 구덩이에 들어간 이목사는 마치 스데반의 기도처럼 하나님께 무릎을 꿇고 마지막 기도를 드렸습니다.

"하나님 아버지, 저의 기도를 들으셔서 이들의 죄를 용서하여 주시고 저들의 영혼을 불쌍히 여겨 주시옵소서, 저들은 자기들이 얼마나 잘못된 일을 저지르는지 알지 못합니다. 저들이 예수 믿고 구원받게 해 주옵소서"

이도종 목사 순교터에 세워진 추모비

이도종 목사는 이제는 이 땅에 다시는 볼 수 없고, 만날 수 없는 인성(대정)교회와 화순교회 교인들의 얼굴을 떠올리며 그들을 위해 간절히 기도하고 마지막으로 자신의 영혼을 위해 머리를 땅에 조아리고 엎드려 큰소리로 기도하였습니다.

"주여, 내 영혼을 받으소서"

이때에 이 목사의 위로 흙과 돌, 가시덤불과 풀가지들이 쏟아지기 시작하였습니다. 이 목사는 마치 메아리와 같이 자신을 마지막 기도를 올렸습니다. "주여, 내 영혼을 받으소서"

그 소리는 점점 작아지더니 마침내 흙 속에 덮여 사라지게 되었습니다. 사람을 땅에 묻고 생매장한 가혹한 살인행위였습니다.

현재 이도종 목사의 유해는 김도전 사모의 유해와 함께 화장되어 그의 마지막 목회지요, 목적지가 된 대정교회 마당에 유해봉안비 아래에 모셔져 있

| 칼 귀츨라프의 꿈

습니다. 유해봉안비 옆에는 목사님의 헌신적인 사랑과 희생, 또한 그 순교를 대정교회 교인들이라도 결코 잊지 말자며 산방산 돌로 세운 오래된 순교비가 서 있습니다. 제주의 돌은 대부분 구멍이 송송 난 화산석 현무암 돌들이지만 산방산 돌만은 대리석처럼 구멍이 없는 반듯한 돌이기에 교인들이 직접 '구루마'를 끌고 가서 돌을 캐고 날라서 직접 글을 새겨 세운 오래된 비석입니다. 그리고 그 비석 옆에는 제주노회에서 이도종 목사의 순교사를 한국 교회에 알리기 위해 세운 순교기념비가 함께 봉안되어 있습니다. 그의 삶으로 복음의 아름다움을 전하였을 뿐만 아니라 그의 죽음으로 그의 복음이 참되고 진실함을 확증하였던 이도종 목사의 숭고한 생명의 값을 결코 잊어서는 안 될 것입니다.

대정교회, 대정골전도는 전남노회에서 제주산남지방 선교사로 파송된 윤식명 목사에 의하여 1914년 9월 9일 전남노회에 청원하여 허락을 받게 되었고, 1919년 말 전남노회 전도부로부터 10원을 지원받아 대정읍 인성리에 집을 빌어 기도처소로 삼아 전도가 시작되었습니다. 1922년 12월 임최량이 모슬포교회에 출석하여 이경필 목사에게 세례를 받음으로 본리 출신으로 최초의 신자가 되었습니다.

유해 봉안비와 산방산 돌로 새긴 기념비

산방산 돌로 새긴 기념비

李道宗 목사님의 헌신적인 사랑과 희생, 그리고
목사님이 마지막에 흘린 피의 값을 결코 잊지말자며
인성(대정)교회 교인들이 세운 순교 기념비이다.
제주의 돌들은 대부분 구멍이 송송 난 화산석
현무암이지만 산방산 돌은 배리석처럼 구멍이
없는 돌이기에 교인들이 구루마(마차)를
끌고가서 돌을 깨고 날라 직접 글을 새겨세웠다.
순교자의 생명의 값을 잊지않고 기억하며, 돌비
(石碑)에 새기고, 오고가는 사람들의 심비(心碑)
에 새기어 오늘을 신앙하며 살아가는 우리에게
살아있는 교훈이 되고 있다.

06

교회 사랑 나라 사랑 제주 사랑 삼우

강문호

복음의 개척자 #최대현의 전도

3.5 만세운동 #군산 영명학교

담임목회 #고읍교회 #서귀포교회 #법환교회 #중문교회 #함평읍교회

목양의 정착지 #한림교회

교회 사랑 나라 사랑 제주 사랑 삼우
강문호

복음의 개척자 #최대현의 전도

강문호 목사

제주 순례에 있어서 기억해야 할 한 사람은 강문호 목사입니다. 아직 제주도에 복음의 빛이 비치어지기 전에 태어나서, 어린 시절 복음에 귀가 열리고, 일제 강점기의 암울한 시기를 보내며 독립운동에 가담하였습니다. 강문호 목사가 대부분의 제주 사역을 보냈던 한림교회에 들어서면 한 기념비가 맞이합니다. 이 기념비는 국가 보훈처에서 관리합니다. 교회당 안에 국가보훈처에서 관리하는 기념비로는 유일한 것입니다. 나라를 잃은 슬픔과 나라를 되찾은 환희의 역사를 몸소 체험하였으며, 4.3과 한국 전쟁 등의 현대사에 있어서 가장 이정표적인 사건들의 한가운데 있었던 강문호 목사를 볼 수 있습니다.

강문호는 세기가 바뀌기 전, 1899년 3월 9일에 남제주의 대정군 좌면 중문리 1598번지에서 태어났습니다. 호는 '삼우'인데 이는 세 가지 근심으로, 교회 근심, 나라 근심, 제주 근심으로 항상 생각하면서 기도하였다는 의미입니다.[1] 믿음의 가정은 아니었으나 유복한 가정에서 자란 강문호는 졸업을 앞둔 시기에 최대현의 전도를 듣고 믿음을 가지게 됩니다. 어떠한 사람들에게는 믿음으로 부하게 되기도 하지만, 어떠한 사람들에게는 믿음으로 말미암아 고난의 길이 열리게 됩니다. 부유하고 유교에 짙은 가정에서 문중의 장자로서 믿음을 갖는다는 것은 믿음의 가시밭길을 예상케 하는 것입니다. 이도종 목사는 복음의 초창기임에도 불구하고 믿음의 가정에서 자랐으나 강문호 목사는 처음 복음을 접한 자로서 외롭게 신앙의 길을 시작해야 했습니다. 강문호는 복음의 개척자로 신앙을 시작합니다 결국 부모의 지속적인 반대에 아버지 금고의 80전을 가지고 제주 성내교회로 가서 신앙 생활을 하게 되고, 1916년에는 한 교우의 성금으로 군산 영명학교에 유학을 하게 됩니다.

3.5 만세 운동 #군산 영명학교

군산 영명학교는 1909년 2월에 미국 남장로회 전킨(W. M. Junckin, 전위렴)이 복음 전파와 인재 양성을 위하여 설립한 학교였습니다. 기억해야할 바로 한국 이남에서 최초로 만세 운동이 있었던 곳이 군산이며, 이 군산에서 만세 운동은 강문호 목사가 학업을 하였던 영명학교로부터 시작되었습니다. 교사 박연세, 이두열, 송정헌, 고석주, 김수영 등과 학생들이 만세 운동을 이끌었습니다. 곧 고종 황제의 승하로 촉발된 1919년 3.1 만세 운동은 군산에서도 3월 5일에 있게 됩니다.

---

1   심재영, 김형완, 『군산제일100년사』(전북: 군산제일고등학교 총동문회, 2012), 117쪽.

군산 영명학교는 1975년에 군산제일고등학교로 개명되었습니다.

군산제일고등학교에 방문하면 역사관을 돌아볼 수 있습니다.

| 칼 귀츨라프의 꿈

군산 영명학교 출신으로 세브란스 의전 재학 중이었던 김병수가 1919년 2월 26일 민족대표 33인 중 한 사람인 이갑성으로부터 '독립선언서' 200여 매를 전달받아 군산 영명학교 스승인 박연세, 이두열에게 2월 28일에 전달합니다. 이에 교사들은 학생들에게 독립선언서와 태극기를 수만 장을 등사케 하여 1919년 3월 6일 군산 서래 장날 시장에서 독립 만세 선언을 계획하였으나 준비 과정에서 발각되어 교사와 학생 30여 명은 보안법과 출판법 위반 협의로 연행됩니다. 그러나 이러한 제지에도 불구하고 고석주 등 남은 교사들과 학생, 주민, 기독교 신도 등 500여 명은 3월 5일에 시내 행진 및 대한독립 만세를 외쳤습니다. 이때 강문호는 체포되었다가 일주일 만에 풀려나게 됩니다. 강문호는 이와 같이 3월 5일 만세 운동에 앞장섰을 뿐만 아니라 3월 31일 만세 운동 때 체포된 영명학교 교사들과 학생들이 광주지방법원인 군산지청에서 재판을 받는 날 재판 과정을 보기 위해서 방청석에 앉아 있다가 평소 존경하는 선생님들과 같은 고향의 강규언이 수갑으로 묶어 들어오는 모습을 보고 울분을 참지 못해 방청석에서 맨 먼저 벌떡 일어서서 모자를 흔들며 대한 독립 만세를 외쳤고, 방청객들이 이에 호응하여 재판장은 만세 소리로 가득했을 뿐만 아니라 삽시간에 군산 시내로 번져 군산은 다시 한번 온통 만세 소리로 진동하게 됩니다. 강문호는 그 자리에서 보안법 및 출판법 위반과 만세 주동자로 붙잡혀 재판을 받았고 재판에서는 자신의 죄가 공소되자 "남의 나라를 빼앗은 강도들에게 빼앗긴 나라를 되찾겠다는데 무슨 죄가 되느냐?"라고 불복하여 법정 소란죄가 더해져 4월 대구복심

법원에서 1년 6개월을 구형받아 대구 감옥에 수감 되었습니다.

군산 3.1 운동 100주년 기념관은 영명학교의 모습으로 건축되었습니다.

군산 3.1 운동 100주년 기념관 앞에는 구암교회가 자리잡고 있습니다. 구암교회는 호남과 충청지역의 선교 교두보로, 1892년 11월 3일 한국에 도착한 남장로교 7인 선교사들에 의해 세워졌습니다. 군산 구암동산의 군산선교스테이션에는 교회뿐만 아니라 학교, 병원 등을 세워 호남 최초의 선교 기지의 역할을 훌륭하게 감당했습니다.

I 칼 귀츨라프의 꿈

군산 선교 역사관 부지, 2024년 준공예정

강문호의 아버지는 예수에 미쳐 집까지 뛰쳐나간 자식이라고 영영히 보지 않을 작심이었으나 아들이 목숨을 아끼지 않고 나라를 되찾겠다고 만세 운동에 주동자가 되고 옥고를 치른다는 소문을 들었을 때에 오히려 아들을 자랑스럽게 생각하게 되었고, 마침내는 그렇게 자신이 배척했던 예수까지 믿게 되었습니다. 결국 강문호의 나라 사랑과 이로 말미암은 고난은 가장 완고했던 아버지의 마음을 녹이고 전도함에 유익했던 것입니다.

강문호의 이러한 저항정신은 지속되어 이후에는 일제의 강제 신사참배와 일본식 개명에도 불복하였습니다. 영명학교에서의 교사들의 영향을 받았고 만세운동부터 저항의 길을 걸었던 그였기에 그 어떠한 불의와도 타협하지 않은 것입니다.

담임 목회 #고읍 교회 #서귀포교회 #법환교회 #중문교회 #함평읍교회

서울 경성신학교에 입학을 하였고, 1922년 서울 용산교회의 전도사와 경기도 순회 전도사가 되었고 그 후 고베 중앙신학교 입학과 동시에 일본 병고교회와 대판 동부교회에서 전도사 시무를 하였습니다. 졸업을 1년 앞둔 시기에는 교회 사역을 잠시 멈추고 오직 학업에만 몰두하였습니다. 1931년에 유학생활을 마치고 졸업 후 귀국하여 1931년 7월 21일에 평양 간호전문학교를 졸업하고 서울 세브란스 병원에서 근무하고 있었던 수간호사 신영숙과 결혼하였습니다. 오랜 유학생활에 대한 하나님의 위로함이 있었습니다.

1932년 6월 조선예수교장로회 경기 노회에서 목사 안수를 받고 첫 담임목사로서의 목회지는 경기 노회 소속 경기도 양평군 옥천면에 있는 고읍교회였습니다. 고읍교회는 강문호 목사의 첫 번째 담임 목회지일뿐만 아니라 고읍교회에서 두 번에 걸쳐 목회를 하는데 두 번 모두 이 고읍교회를 거쳐 제주로 향하게 됩니다.

고읍교회

| 칼 귀츨라프의 꿈

1934년은 알렌 선교사의 조선 선교를 기점으로 한국선교 50주년을 맞아 희년대회가 개최된 때였습니다. 평양에서는 평양숭실대학에서 조선 선교 50주년 기념 희년대회가 개최되고, 제주도에서도 희년기념식을 가졌습니다. 희년 사업 중의 하나로 제주노회는 제주도를 다섯 구역으로 나누어 전도를 실시하였는데, 이런 의미가 있는 해인 1934년 8월에 경기노회의 강문호 목사는 제주노회 노회원으로 정식으로 가입되었습니다. 강문호 목사는 서귀포에 거주하며 아침에는 서귀포교회에서, 오후에는 법환교회에서 예배를 드리고 저녁에는 걸어서 중문교회까지 가서 예배를 인도하였습니다. 주일날에는 집에 들어갈 수 없었으며 중문에서 자고 다음 날에야 집으로 돌아올 수 있었습니다.

함평읍교회

이후 1936년에 강문호 목사는 제주 노회 제7대 노회장을 맡았으나 '기독 공보'에 1935년부터 2년에 걸쳐 여러 글들을 발표하며 다시 그의 독립운동 활동이 드러나면서 자신뿐만 아니라 교회와 성도들에게까지 어려움이 다가오자 제주 노회장과 교회를 사임하고 전남 무안교회와 함평읍교회로 목회지를 옮기게 됩니다.

목양의 정착지 #한림교회

강문호 목사는 1936년 10월에 전라남도 함평군 함평면 내교리교회에 부임한 뒤 1941년 4월까지 섬기다가 1941년 초에 첫 목회지인 경기도 양평군 고읍교회에 다시 부임했습니다. 그리고 고읍교회에서 1년간 사역 후에 제주 한림교회로부터 청빙을 받게 됩니다. 상황적으로는 이전과 다를 바가 없었으나 다시 제주로 돌아가기로 결심함에는 어떠한 어려움이 있다 할지라도 죽을 각오를 하고 모든 일을 하나님께 맡기고 제주로 향하게 된 것입니다. 제주 한림교회는 강문호 목사의 마지막 목회지일뿐만 아니라 그의 사역의 긴 시간을 한림교회와 함께 합니다.

침묵설교

당시 일제는 일본말로 기도와 설교를 한 것을 강요하였으며 일본말로 설교하지 못하는 목회자들은 무자격자로 추방시켰습니다. 제주도에는 24개 교회에 13명의 목사가 있었으나 일본말로 설교할 수 있는 사람은 한림교회

| 칼 귀츨라프의 꿈

의 강문호 목사와 서귀포교회의 조남수 목사뿐이었습니다. 그러나 강문호 목사는 일본말로 설교를 하지 않았습니다. 일본말이 아니면 설교를 할 수 없었으나 그는 일본말로 설교를 하지 않으면서도 설교를 하였습니다. 이것이 그 유명한 '침묵 설교'입니다. 찬송을 부르고 성경을 읽은 다음, 일본말도, 한국말도 사용하지 않고 '침묵 설교'를 하였습니다.[2]

1943년 5월에 조선예수교 장로회는 해체되고 일본 기독교 조선 교단으로 흡수 개편되며 6월 10일에 제주노회는 해산되었습니다. 군산에서 만세 운동으로 옥고를 치른 바가 있었기에 요주의 인물로 늘 감시와 미행을 받았던 강문호 목사는 결국 미국의 첩자로 몰려 가택 수색 끝에 일본에서 공부할 때 귀하게 소장했던 500권의 서적과 서류 문서들을 일경들은 마차 두 대에 실어다 태워 버렸고, 강문호 목사의 수많은 일기 형식의 수첩마저 빼앗았습니다. 이는 강문호 목사에게 있었던 그 어떠한 시련보다도 더 가슴 아픈 시련이 아닐 수 없었습니다.

미 공군 공습: 예배당, 목사관 전파

일제 강점기 말기에 제주도는 일본에 있어서는 중요한 대미 작전기지였습니다. 일본 본토가 미국에 의해 점령당할 위기에 1945년 3월, 제주도를 본토 방어 결전지로 이용하는 '결 7호 작전'을 결정하고 제주도의 모든 군

---

2   이승하, 『이 사랑을 아십니까? 3』(서울: 쿰란출판사, 2023), 277쪽.

을 통솔하는 제58군 사령부를 창설하고 당시 22만의 제주도민의 때에 일본군 7만 명을 배치하였습니다.

한림교회당은 일본군의 막사로 사용되었고 미국이 제주도를 초토화한다는 소문이 돌아 많은 도민들이 외지로 피난을 떠났습니다. 급박한 상황 속에서 강문호 목사는 아내와 5남매를 거창으로 보내고 노모와 함께 '죽으면 죽으리라'는 마음으로 교회와 성도들을 끝까지 지키고자 하였습니다. 죽음을 각오하고 돌아온 이 제주를 다시 떠날 수는 없었습니다.

1945년 7월 6일 10시경 미군은 한림항에 배치된 해방함과 수원에 있었던 일본군의 군기고를 집중적으로 폭격했습니다. 이 폭격에 교회 건평 42평과 사택 12평도 전소되고 강문호 목사는 부상을 당하고, 강문호의 누이 강연아는 식사 준비를 하다가 부엌에서 숨졌고, 부상을 입은 어머니는 폭격 9일만에 돌아가셨습니다. 혼자 남은 강문호 목사는 일경을 피해 거주지를 옮겨 다녔고, 예배 처소로 조달호의 집과 수원리의 박재옥 집사의 집을 정했습니다.

거창에 피난 간 식구들은 한림교회가 폭파되었을 때에 강문호가 죽은 줄만 알았는데, 해방 후에 아버지로부터 연락을 받게 됩니다. 사택의 수리가 끝나면 다시 연락하겠다는 남편이자, 아버지인 강문호로부터의 소식을 받았지만 다시 연락을 받기까지는 1년을 더 기다려야 했습니다.

강문호 목사는 해방 후에 강 목사의 인품을 전해 들은 이승만 대통령으로부터 제주도지사 취임을 권유받았으나 오직 복음을 위해서 섬기는 것이 조국에 대한 마지막 봉사라고 생각하며 목회만 하겠다고 거절하였습니다.

미군정청 도움: 일제 '천조대신' 신사터 불하

한림교회는 미국 공습에 폭격되어 소각되어 강문호 목사는 사택을 수리하여 예배를 드렸습니다. 그러나 사택은 예배의 처소로 너무나 비좁았습니다. 마침 미군정청 내 한국 지원단에서 전쟁으로 인한 피해 복구를 지원한다는 소식을 듣고 한림교회의 피해 상황을 보고하여 복구를 요구하였습니다. 이에 미군정청이 일본인 신사 부지 329평을 교회에 무상으로 주고 일본 군대가 남겨놓은 건축자재도 무상으로 받게 됩니다. 한림교회는 구 예배당 대지를 매각하고 1946년 12월에 예배당 72평과 목사 사택 28평을 신축하고 1947년 4월에 준공 예배를 드렸습니다.

교회의 시련은 1948년에 일어난 제주 4.3 사건으로 다시 한번 어려움을 겪었습니다. 강문호 목사는 당시의 노회장으로 제주도 교회의 피해 상황을 파악하여 이듬해 4월 새문안교회에서 모인 제5회 총회에 이를 보고하였고 총회는 위문단을 파견하였습니다. 강문호 목사는 교회가 입은 피해

상황을 정리하는데 중요한 역할을 하였습니다.

강문호 목사는 한림교회에서 1971년 은퇴한 후에 초대 원로목사로 추대됐고, 1974년에는 제주노회 제67회에서 초대 공로목사로 추대되었습니다. 1980년에는 독립유공자로 대통령 표창을 받았습니다. 1986년 7월 12일 강문호 목

강문호 목사 기념비

| 칼 귀츨라프의 꿈

사는 하나님의 부름을 받아 그의 길고 길었던 역경의 삶을 마무리했습니다. 그는 죽은 후에는 잊혀지는 사람이 아니라 기억되고, 기념되는 사람이 되었습니다. 1990년 8월 15일에는 3.1 독립운동 공훈으로 건국훈장 애족장이 추서 되었으며, 1990년 강문호 목사 기념사업회가 창립되어 1991년 7월 12일 5주기 추모일에 한림교회 신도들이 교회 내에 공적비를 건립했습니다.

미군의 일본 주둔지 폭격 때, 한림교회도 함께 무너졌었지만, 미군의 도움으로 현재의 위치로 이전하고 재건할 수 있게 되었습니다. 사진은 준공식 후 식사 때 찍은 장면.
사진 왼쪽으로부터 이도종 목사, 임기봉 목사, 김수아 통역관, 켈리 군종, 스타우트 부인, 스타우트 소령, 강문호 목사

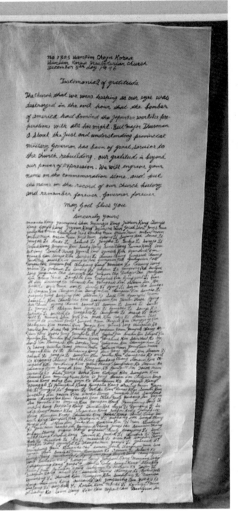

대한민국 제주시 한림읍 1305번지
대한예수교장로회 한림교회
1946년 12월 5일

감사의 뜻을 전합니다.

미군 폭격기가 전쟁을 준비하던 일본 기지에 무차별 폭격을 가했을 때, 우리교회도 함께 파괴되는 것을 지켜보았습니다. 하지만 정의롭고 이해심이 깊은 총독 서먼 A. 스타우트 소령께서 우리 교회의 재건에 큰 공헌을 해주셨습니다. 이 일에 우리는 어떻게 감사의 마음을 표현해야 할지 모르겠습니다. 다만 우리는 여러분의 이름을 기념석에 새기고, 우리 교회 역사에 여러분의 이름을 기록하여 영원히 기억하겠습니다. 하나님의 축복이 영원히 여러분과 함께 하시기를 기원합니다.

진심으로 감사의 마음을 전하는 성도들의 이름은 아래와 같습니다.

강문호, 신영숙, 강명자, 강지훈, 강춘자, 강공자, 강지윤, 문명옥, 신제팔, 문정비, 문영복, 마선을....

ㅣ 칼 귀츨라프의 꿈

07

산남의 거점 교회

모슬포교회

濟州道摹瑟浦敎會 復興會記念 撮影   모슬포교회 부흥회 기념 1952. 3. 30

모슬포교회의 설립 #거점 교회들

윤식명과 핍박 #태을교 사건

산남의 에바브라 김기평

제주의 쉰들러 조남수 목사

157

산남의 거점 교회
모슬포교회

모슬포는 현재의 상하모리 일대를 포괄하는 지명으로 대한민국 최남단의
섬 제주도 중에서도 최남단에 있습니다. 그야말로 땅끝에서도 땅끝인 셈입
니다. 모슬포는 예부터 모슬개, 또는 모실개로 불리었으며 '모슬'은 모래의
제주어인 '모살'에서 변한 것이고 '개'는 포구를 뜻하는 포로, 모슬은 한자
음을 빌어 모슬(摹瑟)로 표기한 것입니다.[1]

옛날 대정의 중심지는 대정고을이었습니다. 모슬포는 현재 제주특별자치
도 서귀포시 대정읍에 속해 있으며, 대정현이 설치된 것은 1416년(태종 16
년)입니다. 행정, 치안, 교육 등 주요기관은 모두 대정고을에 집중되어 있었
습니다. 그러나 개화와 함께 근대화의 움직임이 싹트기 시작할 때 경찰관
주재소가 먼저 모슬포로 이전하였고, 이어 면사무소, 학교도 모슬포로 이전
하였습니다. 이처럼 대정의 주요 기관이 모슬포로 집중하게 된 이유는 첫
째, 해안일주도로가 모슬포를 통과하게 되었고 둘째, 해산물이 풍부하였고
셋째, 농수산물의 육지 반출이 많아짐에 따라 목포행 정기항로가 개설되어
해륙교통이 편리하여졌고 넷째, 생활용수가 풍부하였고 다섯째, 농수산물
가공업이 생겼고 여섯째 농수산물 집산과 더불어 상업이 발달하기 시작하

---

1 『남제주의 문화유산』, (남제주문화원, 2006), 140쪽.

였기 때문입니다. 이리하여 모슬포는 교통, 통신, 산업, 교육의 요지로서 제주도 서남부의 중심지로 발달하게 되었습니다.[2]

모슬포교회의 설립 #거점 교회들

모슬포교회는 이기풍 목사의 전도로 1910년 3월 10일 신창호의 집을 기도처소로 정하고 '모슬리교회'로 모여 첫 예배를 드렸습니다.[3]

모슬포교회 종각건립 기념

---

2 이형우, 「모슬포교회 100년사」 모슬포교회, 2009년, 27-28쪽.
3 제주선교 100주년 '제주노회 연혁'에서는 교회 창립일을 1909년 9월 1일로 명기하고 있습니다.

모슬포교회가 중요한 이유는 모슬포교회는 산남지방의 거점 교회가 되기 때문입니다. 산남지방은 협재에서 서귀포까지입니다. 조선시대 제주도는 오랫동안 제주목, 대정현, 정의현의 3읍 체제였습니다. 제주도는 지형적으로 한라산을 중심으로 나누어져 있기에 제주목은 산북지역으로, 대정현은 산남지역으로, 정의현은 정의지방 혹은 동지방으로도 불립니다. 행정의 구분에 따라 이후 전남노회, 전북노회, 황해노회의 선교 분담이 이루어지기도 하였습니다. 이러한 행정의 구분 가운데 선교 분담이 이루어지고 더 나아가 각 지역의 거점 교회들을 통해서 복음이 확산된 것입니다. 산북지역의 거점 교회는 성내교회로서 주요한 교회들로서 금성교회, 삼양교회 등이 있었고, 정의지방에는 성읍교회가 거점 교회로서 조천교회, 세화교회 등이 있었습니다. 모슬포교회는 1910년 이전에 세워진 제주의 5개의 교회 가운데 한 교회이며 산남지역의 거점 교회가 되어 용수교회, 중문교회, 고산교회, 두모교회, 협재교회 등과 협력하였습니다.

이후 1914년은 제주 선교에 있어서 의미가 있는 해가 되었습니다. 첫째는 제주 선교에 윤식명 목사가 파송되었기 때문입니다. 이기풍 목사가 제주 선교의 터를 닦는 역할을 하였다면, 윤식명 목사는 복음을 더욱 확산하는 데에 쓰임을 받게 됩니다. 이듬해인 1915년 이기풍 목사는 건강상의 이유로 제주를 떠남으로 자연스럽게 제주 선교는 새로운 인물로 새로운 시대를 맞게 된 것입니다. 둘째는 1913년 제2회 총회에서 전라노회가 제주선

| 칼 귀츨라프의 꿈

윤식명 목사

교를 맡기로 인준함으로 실제적인 전라노회에 의한 제주선교가 1914년에 이루어집니다. 총회 차원의 선교에서 제주선교가 전라노회로 이첩된 것입니다. 1914년 윤식명 목사의 파송 또한 전라노회의 파송을 받은 것입니다.

총회가 세워지고 노회는 분립되며 제주 선교는 더욱 정교해졌습니다. 1907년 독노회에서 시작하여 1911년에 전라노회가 처음으로 조직됨으로 1912년부터는 총회 시대가 열리고 1917년에 전라노회가 전남노회와 전북노회로 분립되고, 황해노회가 제주선교에 동참함에 따라 동지방은 황해노회가, 산북지방은 전북노회가, 산남지방은 전남노회가 담당하였습니다. 구체적으로 1914년 전라노회가 파송한 윤신명 목사는 산남지방을, 1917년에는 이기풍 목사가 제주를 떠난 후 그 대신 파송한 최대진 목사가 사임함에 따라 파송된 김창국 목사는 산북지방을, 1918년 황해노회가 파송한 임정찬 목사는 동지방을 담당하였습니다.

윤식명과 핍박 #태을교 사건
선교 분담에 의해 1917년 이후에 법환교회는 동지방에 속하여 임정찬 목사 관할에 속하나 모슬포와 비교적 가까이에 있는 법환교회는 협의 가운데 윤식명 목사가 담당하고 있었습니다. 이처럼 모슬포를 중심으로 한 윤식명 목사가 법환리로 전도하러 가는 도중 도래물 골챙에 이르렀을 때에 한 무리의 사람들을 만나 전도의 기회로 삼고자 하였습니다. 그러나 그들은 단단한 목봉을 들고 있었고 갑자기 윤식명 목사의 전도대를 향하여 공격하기 시작하였습니다. 전도인 김진성은 천제연 물속으로 숨어 들어가 목숨을 건지고, 김나홍, 천아나 등은 한 두 차례 목봉을 맞았으나 간신히 도망칠 수 있었습니다. 그러나 윤식명 목사와 원용혁 조사는 폭도들에게 둘러싸혀 뭇매를 맞게 됩니다. 이에 중문리 주재소 경관과 면직원들에 의해 소천의원에 입원하여 1개월 간 치료를 받고 목포 병원까지 오갔지만 후유증은 오래 남았습니다. 윤식명 목사는 왼쪽 팔이 부러져 끈을 매고 다녀 끈 외팔이라 불렀고, 원용혁은 전도인은 머리에 상처로 인하여 탈모된 데가 많아 대머리 박사라고 하였습니다.

핍박을 한 사람들은 보천교라고도 불렀던 태을교도들이었습니다. 태을교는 증산교 일파며 신흥종교인 선도교였습니다. 1903년 핵심인물인 강증산이 제주도를 방문하여 세력을 확장해 나갔고, 당시는 일제의 탄압에 분개한 불교인들과 태을교도들이 대거 참여한 법화사 봉기의 날이었습니다. 이러한 일을 알지 못하였던 윤식명 목사는 오직 영혼 구원의 순수한 열정으로 무리에게 향하였다가 봉변을 당한 것입니다. 이후에 윤식명 목사는 체포되어 목포로 압송되어 가던 68명의 태을교 사람들을 만나게 되는데, 그들에게 다가가 간절한 마음으로 복음을 전하여 이 모습을 본 순사 박덕우가 믿기로 작정하게 됩니다. 이처럼 복음은 전파는 환난과 핍박을 통해서도 전해진다는 사실을 다시 한 번 확인하게 됩니다.

태을교 사건은 큰 위기였으나 오히려 전화위복이 되었습니다. 첫째, 기독교에 대한 인식의 변화입니다. 자신들에게 폭행을 가한 법범자들이었으나 윤식명 목사는 이들에 대하여 선처를 부탁할 뿐만 아니라 복음을 전함은 그들뿐만 아니라 지역 사람들에게까지 감동을 주었습니다. 둘째, 복음 전파자들이 하나가 되었습니다. 큰 고난을 함께 한 윤식명과 원용혁 전도사는 더욱 끈끈한 유대 관계를 나눈 복음의 전우가 되었습니다. 이들은 하나가 되어 더 열심히 기도하고 전도하였습니다. 셋째, 하나님의 능력이 더하여졌습니다. 태을교 사건 이후에 윤식명 목사에게는 신유와 축귀의 은사가 나타났습니다. 이는 복음 전파의 강력한 능력이 되었습니다. 넷째, 더하여진 인적 물적 후원이 있었습니다. 태을교 사건을 보고 받고 알게 된 사람들은 더욱더 후원을 아끼지 않았습니다. 특별히 광주 지역의 후원으로 봉선리교회, 여전도회 연합회 등은 지속적인 후원을 하였습니다. 비록 육적으로 윤식명은 제주도 선교를 하며 팔 하나를 잃는 고통을 겪었지만 그리스도의 몸 된 교회를 풍성하게 세워나갔습니다.

산남의 에바브라 김기평

성경의 소아시아의 에베소는 두란노 서원을 중심으로 하여 복음이 확산되고 교회가 세워집니다. 이때에 골로새 출신의 에바브라가 있었습니다. 에베소 교회를 통해서 복음을 접하고 여기에서 훈련을 받은 에바브라는 자신의 고향인 골로새에 교회를 세울 뿐만 아니라 인근 지역이 되는 두 교회인 라오디게아 교회와 히에라볼리 교회를 세우게 됩니다. 이처럼 골로새의 에바브라와 같이 산남의 에바브라의 역할을 한 사람이 있습니다. 바로 김기평입니다.

1908년 이기풍 목사가 전도하여 요한복음 쪽복음을 나누어주는 것을 받은 김기평은 혼자로서는 이해할 수가 없어서 큰 아들을 이기풍 목사에게 보내어 자세히 알아보도록 하였습니다. 제주읍으로 간 큰 아들은 이기풍 목사가 아닌 천주교를 찾아가, 천주교 교리를 배워 아버지에게 전해 주었습니다. 후에 이 아들은 한경지역의 천주교 신앙의 선구자가 되었습니다. 김기평은 아들이 전해준 교리가 자신이 알고 있는 내용과 다르자 직접 제주읍으로 이기풍 목사를 찾아가 말씀을 듣게 됩니다.

김기평 부부는 1913년 2월 11일에 세례를 받고, 조상의 신주와 제구를 불살라 일가로부터 배척을 받습니다. 자기 가정에서 예배를 드림으로 기도처로 시작하였고 1914년 윤식명 목사가 모슬포에 부임하자 그 순회구역에

편입되었습니다. 1914년 12월 창립 예배를 드리고 지사포교회로 불렀으며 1918년 봄에 이전의 기도처는 정식으로 지사포교회로 설립됩니다. 지사포교회는 이후에 용수교회와 합병하여 교회명을 용수교회라 하였습니다.

김기평은 고산지방의 서관오, 위국진, 추씨산옥 등에게 전도하였고 고산교회는 1916년 고산리 2728번지에서 기도회로 시작하였습니다.

한경교회의 옛 이름은 '두모교회'입니다. 김기평의 전도로 두모리 고태행, 신창리 좌계옥 등이 예수를 믿었고, 양인규, 양의봉 등이 모슬포교회 윤식명 목사, 원용혁, 김진배 전도인 등을 통해 복음을 받아들이고 기도회로 모임으로 시작하였습니다.

한경교회에 출석하였던 조수리 사람들에 의해 조수교회가 설립됨으로 모슬포교회는 산남지방의 중요한 거점교회가 되고 용수교회의 김기평은 훌륭한 동역자가 되어 고산교회, 한경교회(두모교회), 조수교회 등이 세워짐에 협력하였습니다.

제주의 쉰들러 조남수 목사[4]

조남수는 1914년 6월 24일 조수리에서 태어났습니다. 강문호와 같이 믿

---

4 『제주기독교 100년사』, 254-257쪽.

조남수 목사

음의 집안이 아니었기에 집안의 심한 박해를 받으며 신앙생활을 하여야 했습니다. 1943년 30세에 조선신학교를 졸업하고 해방 한 해 전인 1944년 5월 5일 제주노회 목사로 임직하여 서귀포 교회, 법환교회를 시무하다가 34세에 1947년 가을에 모슬포교회에 부임하여 1948년 3월 28일에 모슬포교회 위임목로 취임합니다. 이 때는 제주 4.3 사건이 발생하기 전 일주일 전입니다.

이도종 목사가 무장대에 의해서 순교당한 지 5개월 후인 1948년 11월 20일 이른 새벽(2시 반경)에 인민 무장대는 조남수 목사의 사택을 습격하기도 하였습니다. 조남수 목사는 더 이상의 무고한 희생자를 막아야 한다는 사명으로 모슬포 경찰서를 찾아갔습니다. 무장대의 압력에 의해 어쩔 수 없이 협조한 이들이 자수하도록 하여 이들에 대해서는 사면을 해야 한다는 것입니다.

다음은 조남수 목사와 당시 철도경철 소속 응원대의 토벌대장으로 파송된 문형순 대장과의 대화의 내용입니다.

조남수: 밤에는 공비의 흉기에 양민이 죽고, 낮에는 군경의 총에 혐의
양민이 매일 같이 죽고... 30만 도민이 모두 죽겠으니 백성 없는 나라를 세
우겠습니까?

문형순: 제주도는 좌익운동의 온상지라고 듣고 왔습니다. 한라산 토벌
대에서 노획한 불온문서인데 이 명단에는 부락민 90%가 공비들에게 식량
을 비롯한 각종 생필품을 제공하고 있습니다.

조남수: 왜곡된 지식은 중대한 과오를 범할 소지가 있습니다. 제주도는
일본과 가까워 유학한 분들이 많고 민족주의자, 사회주의자가 많습니다. 애
국운동, 사회운동을 하다 보니 좌익으로 불린 분도 있고 또한 과격한 사람
들도 있습니다. 그러나 지금에 와서는 모두 숙청되고 도피하고 현재 남아
있는 자들은 극소수의 부화뇌동한 사람들이며... 방금 보여주신 불온문서
명단 역시 동조한 사람들이 아닙니다. 철야삼경에 무장 공비가 나타나서 총
기를 들이대고 내놓으라는 것을 누가 감히 불응하겠습니까?[5]

조남수 목사는 살기 위해 물품을 제공하였음에도 불구하고 죄책감에서,
걸리기만 하면 죽는다는 공포심에서 우향도 좌향도 못하고 중간에서 고민
하고 있는 양민을 전향하게 함으로 억울하게 죽게 될 사람들을 구하기 위한

---

5   조남수, 『조남수 목사 회고록』(서울: 선경도서출판, 1987), 174-175쪽.

방법을 제시하였습니다. 주민들의 의식구조를 바꾸어 비록 밤중에 생필품을 제공하였을지라도 결코 국군이 죽이지 않는다는 보장이 필요하며 각 부락에 돌로 3미터 높이의 성을 쌓아 자체 방어선을 구축하자고 하였습니다.

조남수 목사는 문형순 대장과 함께 경비대의 허욱 대장을 찾아가서 자신의 생각을 말하였습니다. 이에 경비대장의 명령으로 상모, 하모, 동·서일과 4개 리 6,000여 명이 광장을 가득 메웠습니다. 허욱 대장이 신분 안전을 보장하겠노라고 하여도 선뜻 나서는 사람이 없었습니다. 그러자 허욱 대장은 조남수 목사에게 자수 권유 계몽 활동을 맡겼습니다. 조남주 목사는 1948년 11월 25일 경비대장과 그의 부하들이 자리를 비켜 준 가운데 5,000~6,000명이 모인 군중 앞에 섰습니다. 강연자와 청중이 같이 눈물을 흘렸습니다. 조남수 목사는 다음과 같이 이들이 자수하지 않을 경우에 당하게 될 처참한 모습을 묘사한 후 안전을 보장하였습니다.

"여러분의 주소와 성명이 기재되어 있는 명단을 저는 분명히 보았습니다. 그 명단에 기명된 사람들의 생명은 어쩌면 시간문제만 남아 있는지 모릅니다. 여러분, 살 수 있는 길이 하나 있습니다. 사실대로 자수하는 사람에게는 무조건 불문에 부치기로 약속을 받았습니다. 여러분! 여러분이 자수하였다가 그분 중에서 한 사람이라도 죽임을 당하면 나는 여러분 앞에서 할복할 것을 약속합니다. 여러분은 나를 믿고 자수하십시오. 나는 기독교 목사입니다. 내가 강연회 폐회를 선언하고, 군중에게 자수할 사람은 내 뒤를 따르십시오."

모슬포 경찰서에 따라온 사람은 약 300명 가량이었습니다. 집에 와 보니 수십 명이 기다리고 있는 것을 다시 경찰에 인계하였으며 계속하여 밀려들었습니다. 며칠 동안은 계속하여 집으로 밀려드는 자수자들을 받아 경찰에 인계하는 일로 즐거운 비명을 울렸습니다. 이 소식이 요원의 불길처럼 각 부락에 퍼져 나갔습니다. 대정 지역에서는 각 부락을 빠짐없이 순회하며 자수 강연을 하였으며, 다음은 중문면, 서귀면까지 서쪽으로는 고산, 용수, 두모, 신창, 판포, 월령, 귀덕까지 순회하면서 150여 회의 자수강연을 가졌습니다.[6]

조남수 목사는 이렇게 하여 약 3,000여 명의 생명을 구할 수 있었습니다. 조남수 목사의 보증으로 생명을 얻은 사람이 200여 명이며, 그 가운데는 후에 신학을 공부하고 목사가 된 사람도 있었습니다. 조남수 목사는 류화평 전도사의 처남 부자를 살려낸 이야기를 이렇게 전합니다.

하루는 인성교회 류화평 전도사가 다급하게 찾아와서 그의 처남 부자(양중화, 양남룡)가 내일 총살을 동시에 당한다면서 살려 달라고 애원하였다. 경비대장은 "목사님, 오늘도 눈물을 머금고 악질 20명을

---
6 조남수, 「조남수 목사 회고록」, 181-182쪽.

처단하기로 결재했습니다"라고 말하였다. 이어서 경비대장은 "경찰 보고에 따르면 악질들이 있어 내통하며 삐라를 뿌리고 물품까지 공급하는 사람들이 있습니다"라고 하였다. 이야기를 듣고 난 조남수 목사는 경비대장에게 이렇게 말하였다. "다름 아니고 한 농부가 들녘에서 밭일을 하는데 공비가 나타나서 점심을 빼앗아 먹고 삐라를 주면서 부락에 가서 뿌리라고 했습니다. 겁에 질린 농부는 살려준다는 것만으로 다행으로 여기고 삐라를 받아가지고 뛰다시피 하면서 생각하기를, '저놈만 피하면 이 삐라를 태워버리려고' 하면서 오는 중에 공교롭게도 경찰관을 만나서 그 삐라를 빼앗긴 일이 있습니다. 아무리 사실을 이야기해도 통하지 않아서 수차에 걸쳐서 경찰의 조사를 받았다는데 내일 부자가 처형을 당한다고 합니다.[7]

이렇게 하여 류화평 전도사의 처남 부자를 살려낸 김에 조남수 목사는 함께 처형되기로 한 나머지 18명의 생명도 구하였습니다. 이들 20여 명은 조남수 목사가 향후 3개월 관찰하기로 약속하였던 사람들이었으며, 그 후로 교회에 출석하면서 교인이 되었습니다.

1996년 5월 11일, 조남수 목사로 인하여 목숨을 건졌던 사람들을 중심으로 한 모슬포 주민 일동은 진개동산에 조남수 목사 공덕비를 세움으로써 그에 대한 감사한 마음과 그의 공적을 기리고 있습니다.

---

7   조남수, 『조남수 목사 회고록』, 183쪽.

오늘날 모슬포교회는 1953년 장로교회 분열에 따라 대한예수교장로회 모슬포교회와 한국기독교장로회 모슬포교회로 분열하였습니다. 구원의 복음의 확산에 중심에 서 있있고, 민족의 아픔과 함께하며 많은 생명을 건진 모슬포교회가 겪은 분열의 진통 또한 새로운 역사를 위한 산통의 과정이 되기를 소망합니다.

조남수 목사 공덕비

모슬포교회(위), 모슬포교회 역사관(아래)-기장

모슬포교회(위, 아래)-예장 통합

08

피난처
한국 전쟁과 제주교회

제주영락교회

한국 전쟁과 제주 교회의 부흥

피난민교회와 성안교회

#이환수 목사 김진훈 목사 나홍석 목사

피난 그리스도인과 제주 교회

군인 교회의 설립

피난처
한국 전쟁과 제주 교회

한국 전쟁과 제주 교회의 부흥

제주 선교의 역사에 있어서 또 한 번의 획을 긋는 이정표적인 사건은 바로 6.25 한국 전쟁입니다. 1950년 6월 25일 북한의 남침으로 시작된 6.25 전쟁은 반전에 반전을 이룹니다. 인민군에 의해서 대구와 부산을 제외한 전 국토를 빼앗겼으나 인천상륙 작전으로 압록강까지 수복하고 다시 중공군의 개입으로 1.4 후퇴를 하였다가 1953년 7월 27일에 휴전협정에 이르렀습니다.

6.25는 제주가 겪었던 4.3 사건 이후에 더 큰 민족의 비극이었습니다. 다른 민족도 아닌 같은 민족끼리의 6.25 동란은 한국 역사상 가장 큰 아픔이었습니다. 그러나 아이러니하게도 고립되고 소외되었던 제주는 놀랍게도 유일하게 가장 평안하였으며, 안전한 성지가 되었습니다. 잠시 4.3의 비극이 다시 일어나지는 않을까 하는 우려가 있었으나 4.3의 무장대는 잔멸되고 1907년 가장 암울했던 시기에 평양대부흥의 역사가 있었던 바와 같이 민족의 비극과 전쟁의 참상 중에서도 제주만은 평화로웠으며, 많은 그리스도인들의 유입으로 부흥기를 맞이하게 됩니다.

추운 날씨는 맑은 하늘을 선물하나, 따뜻함은 탁한 공기를 감내해야 합니다. 민족의 암흑기임에도 불구하고 복음의 불씨는 꺼지지 않고 오히려 더 번지게 됩니다. 매서운 바람에 복음의 불씨는 바다 건너 제주까지 다시 옮겨 붙게 됩니다. 영적인 각성이 일어나고 부흥의 시대가 되었습니다.

피난민 대열이 제주도에 처음 들어온 것은 1950년 7월 16일이었고, 제주항 성산포 등지에 약 1만 명의 피난민이 도착하였습니다. 이후 1951년 1.4 후퇴로 말미암아 더욱 많은 사람들이 유입되어 약 6만 명의 사람들이 제주도로 몰려들었습니다. 이 중에서 그리스도인들은 9663명에 이르며, 이들은 주로 제주시 삼도이동, 무근성(묵은성)으로 알려진 천막촌에 거주하였고 모슬포, 서귀포, 한림 등 제주도 전역으로 퍼져나갔습니다. 제주읍에 피난성도들은 장로교인들은 서부교회에서, 감리교인들은 동부교회에서 예배를 드렸습니다.

피난민교회와 성안교회 #이환수 목사 김진훈 목사 나홍석 목사

제주시 삼도2동(묵은성)에 판자촌을 이루며 거주하던 피난민들은 피난민촌을 중심으로 북초등학교 가까이에 판자로 교회를 세웠습니다. 이 교회가 '제주도피난민교회'이며 1954년 이후에는 제주중부교회로 개명하게 됩니다. 제주도피난민교회를 주도적으로 세운 사람은 이환수 목사입니다. 제주피난민교회는 상당수가 서울에서 제주로 피난 온 서울청암교회 교인들이었습니다. 청암교회는 1948년 9월 19일 이환수 목사를 중심으로 황해동우회 5명의 교인들에 의해 청파동 1가에서 시작되었습니다. 6.25 전쟁으로 가족들과 교인들을 인솔하여 부산을 거쳐 제주도로 향한 청암교회는 제주 도피난민교회의 주축이 된 것입니다. 그리고 전쟁 후 다수의 피난민들이 부산 및 서울, 육지로 떠날 때에 이환수 목사 또한 1953년 9월 25일 서울청암교회로 돌아왔습니다.

오늘날 제주성안교회는 이호리 공동체, 성내교회로부터 시작한 서부교회와 제주중부교회가 1972년 9월 24일 합동을 결의함으로 새롭게 시작되었습니다. 교회의 분열의 역사 속에서 연합과 일치의 아름다운 본을 보여준 것입니다. 교회가 합동할 수 있었던 데에는 서부교회에 부임하기로 내정되었던 전남노회의 나홍석 목사와 제주중부교회의 김진훈 목사의 기여가 컸습니다. 특히 나홍석 목사는 이미 주소를 제주시로 옮긴 상태였고, 보내지 않으려는 영산포중앙교회의 교인들을 설득하여 이임인사까지 마쳤습니다. 2009년 7월 13일, 현영립 장로는 급히 비행기로 광주로 가서 나홍석 목사님께 교회의 합동이 순조롭게 진행되어 부임을 재고해 주실 것을 양해하고 나홍석 목사는 이를 수긍하여 6개월의 공백 후에 광주 대인교회로 부임하였습니다. 자신의 유익이 아닌 교회를 위한 희생과 양보의 아름다운 본을 보여준 나홍석 목사는 이후 군산 동부교회, 목포 성산교회, 목포 남교

| 칼 귀츨라프의 꿈

강정교회. 법환교회에 출석하던 김문현 집사, 고원련, 김문언, 강영희, 이만희(도순), 문정희(용흥), 이양춘(도순), 이효순(도순), 윤미라 제씨들이 강정리 4570번지 김문현 집사 집에서 서울 영락교회에서 파송된 이득홍 전도사의 인도로 1948년 4월 30일에 첫 예배를 드렸습니다.

동 교회를 시무하였으며 은퇴하여 목포노회 공로목사로 추대되었습니다.[1]

피난 그리스도인과 제주 교회

피난 그리스도인들이 제주에 몰려오게 될 때에 세 가지 특징이 나타났습니다.[2] 첫째, 피난 그리스도인들은 기존 교회에 합류함으로 교회는 더욱 부흥하였습니다. 4.3 사건 때에 전소된 교회가 재건되고, 미약했던 교회들이 부흥하였으며 교회가 증축되거나 신축되었습니다. 표선교회, 강정교회, 협재교회, 조수교회, 삼양교회 등은 피난 그리스도인의 합류로 새로운 건축한 사례가 되었습니다.

---

1   김인수, 박정환, 『한국교회 첫 선교지 살리는 공동체 100년: 제주성안교회 100년사』, 341쪽.

2   김인주(편), 『제주기독교 100년사』, 179쪽.

둘째, 많은 그리스도인들의 유입은 기존 교회에 참석하기보다는 새로운 교회를 세우는 사례가 나타났습니다. 이렇게 피난 그리스도인들에 의해서 세워진 교회가 12개 처소에 이릅니다. 제주 지역의 도두교회, 한라교회, 영락교회, 화북교회, 조천 지역의 신촌교회, 함덕교회, 서귀포 지역의 효돈교회, 토평교회, 보목교회, 시온교회, 도서지역에 추광교회(추자도), 비양도교회(비양도) 등입니다.

도두교회는 1951년 3월 10일에 시작하였습니다. 6.25 전쟁 중에 제주 읍내에 있는 피난 교역자 회장 이환수 목사는 회의를 열어 원조금의 십일조를 드려 도두리에 교회를 세우기로 결의하고 교회를 창립하였으며, 동년 11월경 석조건물 예배당을 건축하였습니다.

ㅣ 칼 귀츨라프의 꿈

제주영락교회. 1951년 1.4 후퇴로 제주에 피난 온 서울 영락교회의 많은 교인들은 전쟁이 쉽게 끝날 것 같지 않자 독립된 교회를 세우자는 의견이 제시되었고, 1951년 12월 31일에 신년도부터 별도의 교회를 세우기로 결의했습니다. 이듬해 1952년 첫 주일인 1월6일, 제주 시내 한복판에 있는 평양옥에서 첫 예배를 드림으로 제주영락교회의 첫 출발이 되었습니다.

제주화북교회. 안구훈이라는 청년이 성내로 예배드리러 가는 도중에 노상에서 신의주 출신 피난민 장준식 장로를 만나 성경에 대한 이야기를 나눈 것이 교회 설립의 계기가 되었습니다. 1951년 4월 10일경 안구훈 학생은 마을 유지인 부친에게 부탁하여 마을주민들이 결혼식이나 장례식이 있을 때 사용하는 소형 천막을 빌려서 화북초등학교 운동장 한쪽 구석에 설치하고 예배를 드렸습니다. 이것이 제주화북교회의 설립 시초가 되었습니다.

신촌교회. 신촌교회가 세워지기 전 1926년에 조천교회의 한 구역으로서 성도들이 있었으며, 6.25전쟁으로 피난 온 기독인들에 의하여 1951년 1월 25일 김의도 목사의 인도로 신촌리 마을 공회당을 빌려 예배를 드리기 시작하였습니다.

함덕교회. 1950년 가을에 마을회관(현 우체국)에서 청년들이 모여 예배드리기 시작하였습니다. 1951년 1월 둘째 주일, 피난민들이 합세하여 초대 교역자 김윤군 목사(후에 서울 한남동교회 시무) 인도로 예배를 드렸습니다.

토평교회. 1951년 1월 14일 주일에 토평리 김영관 씨 댁에서 피난교우 180여 명과 어린이 40여 명이 모여서 사회자 위두찬 목사, 설교자 김진수 목사로 예배드린 것이 시작이었습니다.

보목교회. 1951년 1월 28일, 한국전쟁으로 제주도에 피난 내려온 250여 명의 피난 성도들이 마을 동산에서 첫 예배를 드리고 교회 창립을 결의하였습니다.

시온교회. 시온교회는 6.25전쟁으로 인한 피난민에 의해 시작되었습니다. 1955년 7월 20일 사단법인 '제주난민 귀농정 착단' 단장 백원정 장로는 6.25 피난민 150세대를 '가나안 새마을 정착단' 이라는 이름으로 정착시켰습니다. '가나안 새 마을'을 설촌하고 '정착단' 600여 명 중 50여 명이 1956년 4월 30일에 첫 예배를 드림으로 시온교회가 시작되었습니다.

비양도 교회는 1951년 1월 6.25 전쟁으로 인하여 제주에 피난 내려온 하시현 전도사가 15평 정도의 함석집을 5년간 임 대하여 교회를 시작하였습니다. 비양도 교회는 현재 건축 중입니다.

I 칼 귀츨라프의 꿈

셋째, 많은 그리스도인들의 유입으로 다양한 교단이 들어오게 되었습니다. 제주도는 이전에는 장로교 중심이었으나 6.25 이후에 피난온 많은 교인들에 의해서 교회가 세워지며, 자연스럽게 다양한 교단의 교회들이 세워지게 되었습니다. 이전 강화 순례 이야기에서 강화에 있는 약 230개의 교회 중에서 약 130개 정도가 감리교임에 반하여, 제주는 대부분이 장로교이며, 6.25 이전에는 장로교밖에는 없었습니다. 그러나 6.25 피난민의 행렬에 많은 그리스도인들이 제주에 몰려오면서 비로소 다양한 교단으로 어울려지게 된 것입니다. 분열과 다양화는 구분되어야 합니다.

제주중앙교회. 제주중앙교회는 제주의 첫 번째 감리교회입니다.

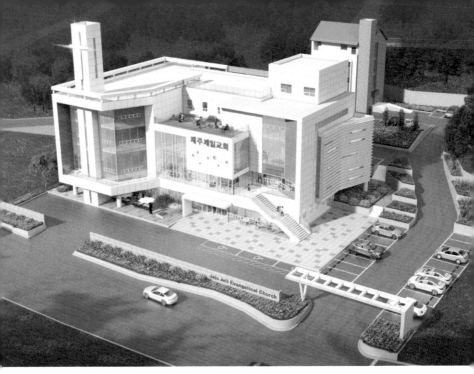

제주제일교회. 제주제일교회는 제주의 첫 번째 성결교회입니다. 이전을 앞둔 조감도입니다.

강병대교회 부흥회. 1953.3.20

장로교는 이후 1952년 장신과 고신의 분열, 1953년 예장과 기장의 분열, 1959년 통합과 합동의 분열의 분열의 역사를 걷게 되지만, 이와 같은 교단의 다양화는 분열이 아닌 조화이며, 신앙의 하모니가 되었습니다.

군인교회의 설립

제주 선교에 있어서 또 하나 특징으로 살필 교회는 바로 군인교회입니다. 민간에서의 교회가 부흥할 뿐만 아니라 군부대에서도 교회가 세워지고 부흥하였습니다. 6.25 전쟁 기간에 육군 제1훈련소와 해군사령부가 세워졌고 이 부대 내에 교회를 세우게 되었습니다. 제주도는 일제 강점기 말엽에 일본군의 최후의 항쟁지였습니다. 모슬포 지역에 일본군이 주둔했던 자리에 1946년 육군 제9연대를 창설하였으나 4.3 사건 이후 해체되고, 1951년 3월 31일 육국 제1훈련소를 창설하였습니다. 이 부대 안에는 '댄스 홀'이 있는 위문 시설이 있었는데 이 시설을 교회를 바꾸게 됩니다.

"제주도 모슬포에 있는 육군 제1훈련소에는 과반 댄스 홀까지 시설하고 사관들의 일시적인 위안을 주고 있었으나, 군의 풍기뿐 아니라 여러 가지 방면으로 폐단이 많아 사회의 비난을 사고 있는데, 장도영 준장이 부임한 이래 철저한 단속 할뿐더러 댄스 홀을 육군훈련소 소속 군인교회로 만들고 예배하기 시작하여 새로 믿기로 작정한 사람이 많이 생기는 동시에 구령운동에 하나의 횃불이 되어 일반사회의 창송이 자자하다 한다"(기독공보, 1952년 2월 30일자)

강병대교회는 군선교의 상징입니다. 강병대교회는 1952년 9월에 건축되었습니다.

강병대교회

09

제주 교회와 세계 선교

선교의 전진기지

이기풍 선교기념관 앞 뜰

제주와 선교 #제주와 선교의 관계

세 가지 빛 #선교에 빚진 자

배형규 목사의 순교

선교기지로서의 제주

제주 교회와 세계 선교
선교의 전진기지

제주와 선교 #제주와 선교의 관계

제주는 선교와 불가분의 관계에 있습니다. 여기에 관하여 세 가지 중요한 이유를 말할 수 있습니다.

첫째, 제주는 한국 장로교 선교의 첫 번째 해외 선교지입니다. 초창기에 제주 선교는 해외선교로 여겨졌으며, 장로교 첫 번째 목사 7인 중의 한 사람인 이기풍 목사의 파송이 이루어졌습니다. 한국 교회는 처음부터 선교하는 교회였으며 그 첫 번째 선교지는 제주였습니다.

둘째, 제주는 6.25 이후에 첫 번째 순교자를 배출한 곳입니다. 더욱이 평양 대부흥회와 첫 번째 독노회와 있었으며, 제주 선교가 결의된 1907년으로부터 100주년이 되는 2007년에 배형규 목사의 순교는 또한 제주의 선교 사명에 이정표가 되는 사건이 아닐 수 없습니다. 제주 교회의 이도종 목사의 순교는 제주와 한국 교회를 위한 순교라면, 배형규 목사의 순교는 세계 선교를 위한 순교가 됩니다.[1]

---

1 박용규, 『제주기독교회사』, 645쪽.

셋째, 제주 선교는 이미 한국 교회의 해외 선교의 기초가 되었습니다. 이기풍 선교사는 단순히 한 사람의 선교사가 아닌 선교 역사의 시작과 선봉대가 되었습니다. 감리교는 아직 제주에 복음이 들어오기 전인 1901년에 김기범, 김창식 한국인 목사를 배출하고 이후 1903년에 하와이 이민단에 홍승하 전도사를 파송함으로 목사와 선교사를 일찌감치 배출하였습니다. 이후 한국 장로교 또한 1907년에 7명의 목사를 배출하고, 동시에 이기풍 선교사를 파송하였으며, 1909년 최관흘 목사를 블라디보스토크로, 7인 목사 중의 한 사람인 한석진 목사를 동경으로, 1910년에는 김영제, 김진근 목사를 만주 간도 지방으로 파송하였습니다. 감리교와 장로교는 선한 믿음의 경쟁을 하며 교회를 세우며 세계 선교를 감당한 것입니다.

한국 장로교의 첫 번째 해외 선교지로서, 순교자를 배출한 땅, 선교의 토대가 된 제주의 다음 행보는 이곳이 선교의 기지로서의 역할을 하는 것입니다.

세 가지 빚 #선교에 빚진 자

성경은 우리들에게 세 가지 빚이 있다고 가르치고 있습니다. 첫 번째 빚은 죄 용서의 빚입니다. 하나님께서 우리들의 죄를 사하여 주셨으므로 이 빚을 갚듯 우리는 마땅히 형제들의 죄를 용서하는 자의 삶을 살아야 하는 것입니다. 일만 달란트를 탕감하여 주었던 주인이 100 데나리온을 용서

하지 않았던 종을 향하여 말합니다.

"내가 너를 불쌍히 여김과 같이 너도 네 동료를 불쌍히 여김이 마땅하지 아니하냐"(마 18:33)

죄의 용서는 빚으로 남습니다. 주님으로부터 죄 용서의 빚을 받은 자는 자신의 삶을 통해서 용서의 삶으로 빚을 갚으며 살아가는 것입니다.

두 번째 빚은 사랑의 빚입니다.

"피차 사랑의 빚 외에는 아무에게든지 아무 빚도 지지 말라 남을 사랑하는 자는 율법을 다 이루었느니라"(롬 13:8)

피차 사랑의 빚 외에는 아무에게든지 아무 빚도 지지 말라하심은 무슨 의미입니까? 우리의 빚은 주님이 다 갚아 주셨지만 우리에게는 서로를 사랑해야 하는 남겨진 사랑의 빚이 있는 것입니다. 이는 사랑의 빚을 지는 자의 삶이 아닌 사랑의 빚을 갚는 자의 삶을 살 것을 가르치시는 말씀입니다.

세 번째 빚은 복음의 빚입니다. 바울은 분명히 복음이 빚이라고 말해주고 있습니다.

"헬라인이나 야만인이나 지혜 있는 자나 어리석은 자에게 다 내가 빚진 자라"(롬 1:14)

복음을 받는 자는 그 복음을 다른 사람에게 전해야 할 사명이 있습니다. 복음을 받음은 복음의 빚으로 남겨져 그 복음을 전하는 자로서의 삶을 살아가야 하는 것입니다. 그러므로 은혜를 받을 때에 나타나는 가장 중요한 현상 중에 하나가 복음을 전하게 되는 것입니다. 우리가 잠시 배를 부르게 하는 맛있는 음식점을 만나도 누군가에게 그것을 말하게 되어 있는데 우리의 영혼을 살리는 복음의 소식을 듣고, 믿음을 가지고, 은혜를 받은 자들이 어찌 그 은혜를 홀로만 가질 수 있겠습니까!

제주는 복음에, 선교에 빚진 자입니다. 이제 제주는 이 선교의 사명을 다하여야 합니다. 제주를 향한 하나님의 특별하신 뜻이 있습니다. 이는 제주가 선교의 기지로서의 역할을 해야 하는 또 하나의 이유가 됩니다.

이제 함께 살필 사람은 6.25 이후의 첫 번째 순교자라 할 수 있는 배형규 목사입니다.

배형규 목사의 순교[2]

배형규 목사는 1965년 7월 25일 제주시 일도리 1103-10번지에서 배호중 장로와 이창숙 권사 사이에서 2남 2녀 중 차남으로 태어났습니다. 어릴 적 배 집사라 불릴 만큼 신실하였으며 독실한 믿음의 가정에서 자라며 제주영락교회에서 교회학교와 중, 고등부를 통해 신앙이 자랐습니다. 제주 일도초등학교, 제주제일중학교, 제주제일고등학교를 졸업하고 한양대학교 경영학부, 서강대학교 대학원에 진학하였습니다. 한양대 경영학과 재학 중인 1학년 때에 잠시 반월장로교회에 다녔습니다. 군에 입대하기 전까지 약 2년 동안은 CCC 대학생 선교회에서 활동하였으며 동시에 신사동에 있는 영동교회를 다니면서 청년부원으로 있었습니다. 잠시 직장생활을 거쳐 장로회신학대학원, 장로회신학대학교 대학원을 졸업하고 2001년 4월 제주노회에서 목사 안수를 받고 경기도 성남시 분당의 샘물교회에서 청년부 사역을 담당하였습니다. 수차례 해외선교를 다녔으며, 2007년 아프가니스탄에서 선교하던 중 탈레반에 피납되었다가 그의 생일 날인 7월 25일에 순교하였습니다.

배형규 목사는 2007년 7월 13일 샘물교회 청년 26명을 이끌고 출국하여 아프가니스탄에 의료 선교와 어린이 지원을 위한 방문하며 봉사활동을 하던 중 7월 19일 아프가니스탄 가즈니주 도로상에서 탈레반 무장 세

---

2 김정서, '배형규 목사', 김인주(편), 『제주교회 인물사1』(제주: 대한예수교장로회 제주노회, 2013), 199-253쪽.

력에게 납치됐습니다. 이들의 납치 소식에 많은 성도들이 무사귀환을 기원하며 기도하던 중에 7월 25일에 두 사람이 피살되는데 그중의 한 사람이 배형규 목사였습니다. 그가 순교한 날은 개인적으로는 그의 생일이었으며, 공적으로는 이 해는 그가 태어난 제주에 선교가 결의된 지 100주년이 되는 해였습니다.

2007년 당시에 장로의 직분으로 배형규 목사의 인솔로 함께 아프가니스탄에 단기봉사 대원으로 갔었던 유경식 목사는 배형규 목사를 이렇게 회고합니다.

"온전한 헌신은 자신의 마지막 것을 드리는 것이다"

이런 좌우명대로 하나님 나라의 건설을 위해서는 생명까지도 아끼지 않는 분이었습니다. 납치된 상황에서 배 목사는 이렇게 말하였습니다.

"저 사람들이 우리를 위협하고 고문하거나 죽인다 할지라도, 우리는 저 사람들에게 폭력으로 대항해서는 안 됩니다. 예수님께서 묵묵히 핍박과 조롱을 견디시고 십자가를 지신 것처럼, 우리도 저 사람들을 사랑으로 대해야 합니다"

2009년 4월 예장통합 제주노회가 배형규 목사를 순교자로 인정하도록 청원하고 2010년 9월 예장통합 제95회 총회가 배형규 목사를 순교자 명부에 등재하기로 가결합니다. 2012년 9월 5일 예장통합 총회가 이기풍선교기념관 경내에 배형규 목사 순교기념비를 세우고 제막식을 가지며, 같은 해 11월 25일에는 배형규 목사의 모교회인 제주영락교회에 배형규 목사 순교비 제막식을 가집니다. 통합교단을 넘어 범교단 순교자기념위원회 또한 배형규 목사를 순교자 명부에 등재키로 결정했으며 2011년 5월 6일 용인에 있는 한국교회순교자지념관에 길선주 목사 등과 함께 순교자 추서(존영 게시 감사) 예식을 가졌습니다.

배형규 목사의 순교기념비는 제주영락교회와(왼쪽), 이기풍 선교 기념관(오른쪽)에 위치하여 있습니다.

| 칼 귀츨라프의 꿈

선교기지로서의 제주

순례 이야기가 꿈꾸는 것은 관광과 여행에서 순례로 나아가는 것입니다. 제주는 더할 나위 없는 관광지입니다. 그러나 로마의 길이 복음을 위한 대로가 되었듯이, 관광지로서의 제주는 순례와 선교를 위한 대로가 될 것입니다. 이미 제주는 관광지로서 무비자 방문이 가능한 곳이 되었습니다. 이는 선교를 위한 새로운 문이 열렸음을 의미하는 것입니다.

빌립보 교회는 아시아에서 유럽으로 복음이 넘어가는 관문이 되었습니다. 그러나 빌립보 교회는 단순한 관문이 아닌 마게도니아와 아가야에 복음 전파의 전진기지가 되었습니다. 하나의 선교지에서 선교지 그 이상의 의미가 된 것입니다. 동일하게 제주는 선교지에 머물 땅이 결코 아닙니다. 제주는 세계화 시대에 세계 선교를 위한 선교기지로서의 꿈과 비전을 여전히 품고 있는 것입니다. 이는 일찍이 칼 귀츨라프가 꾸었던 꿈이었으며, 오늘날 우리들의 시대에 이루어져야 할 과제입니다.

제주 열방대학. YWAM 사역의 일환으로 DTS(예수제자훈련학교)를 기초로 한 다양한 학과과정을 통해 열방을 변화시키는 사람들을 훈련하는 국제 기독교 대학입니다.

중국어문선교회는 1989년 10월 30일 중국학을 전공한 동역자들이 중심이 되어 한국교회의 중국 선교를 지원하기 위해 창립된 초교파 중국 전문 선교단체입니다. 특히 문서, 교육, 연구 등 어문(語文)과 관련된 사역에 중점을 두고 있습니다.

MCJ는 'Misson China in Jeju'로 제주의 한인교회, 중국인교회, 선교단체, 선교사, 성도들이 유기적인 네트워크를 구축하여 제주에서의 중국 관련 선교사역들을 효과적으로 섬깁니다.

오키나와의 일본 반환이 가까워지던 1969년, 이곳에서 방송을 보내던 대중국 송신소를 제주로 이전하여 1973년 6월 30일에 4개 언어(한국어, 중국어, 일본어, 러시아어)로 개국했습니다. 극동방송의 설립 목적은 '선교사의 파송이 불가능한 러시아, 중국, 몽고, 북한 등지의 주민과 대한민국 내의 국민들에게 예수 그리스도의 복음을 전파하여 모든 사람으로 하여금 영적 구원에 이르도록 하고 더 나아가 성도들의 영적 생활의 향상을 그 목적으로 한다'라는 것입니다.

I 칼 귀츨라프의 꿈

10

제주의 역사 문화 이야기

제주의 자아상

제주 문화의 특징 #생존

궨당문화와 쿰다문화

탐라와 제주 # 제주의 역사

제주의 역사 문화 이야기

제주의 자아상

다름은 틀림이 아닌 분명 매력이 됩니다. 다름 가운데 조화가 나오고, 하모니를 이룹니다. 제주는 여러 모양으로 다릅니다. 돌 하나도 다릅니다. 이국적인 자연환경뿐만이 아닙니다. 언어와 문화의 차이는 우리가 생각하는 그 이상의 다름이 됩니다. 이는 매우 큰 매력을 주기도 하나 다름의 의미를 깊이 있게 이해하지 못할 때에 제주의 제주다움을 온전히 알지 못할 뿐만 아니라, 오해하게 되고, 더 나아가 서로에게 깊은 상처만 남을 수도 있는 것입니다. 한 때에 유행처럼 불었던 제주 한 달 살기만으로는 이해할 수 없는 제주의 이면의 모습을 보아야 할 것입니다.

제주 순례의 이 마지막 장을 할애함에 있어서 제주의 문화 역사를 간략하게 기술하며, 특별히 한 권의 책이 먼저 출판됨을 기쁘게 여깁니다. 고창진 목사님의 사회문화 관점에서 본 '제주 기독교와 선교'는 지금까지 함께 나눈 순례의 여정이 아닌 제주에 대한 사회문화를 온전히 알게 함으로 선교의 방향을 제시합니다. '칼 귀츨라프의 꿈'은 제주의 외향적인 지평을 꿈꾸게 하며 바깥으로 시선을 돌리게 합니다. 그러나 '제주 기독교와 선교'는 내향적인 선교를 요구합니다. 곧 온전히 제주를 이해하게 될 때에 비로소 제주 선교가 이루어지며, 더 나아가 진정한 선교기지로서의 제주를 꿈꿀 수 있는 것입니다.

제주는 그 본래가 큰 꿈을 꾸고 품을 수 있는 정체성이 있는 곳입니다. 오랜 역사 속에서 왜곡된 자아상이 있고, 억눌린 역사가 있어 왔지만 이 모든 것을 넘어설 때에 제주는 그 자체로서 가지고 있는 놀라운 역량을 선교로 풀어내게 될 것입니다.

제주 문화의 특징 #생존

하나님의 마음은 늘 낮은 곳에 있었습니다. 그러므로 지극히 작은 자 한 사람에게 한 것이 내게 한 것이라고 하셨습니다(마 25:40). 작은 자 한 사람에게 하나님의 마음이 있었던 것입니다. 우리나라에서 가장 낮은 곳은 어디일까요? 지리적으로 가장 낮은 곳은 제주입니다. 그러나 이는 단지 지리적으로만이 아닙니다. 가장 남쪽의 변방은 유배의 땅이었으며, 소외되었고, 수탈과 고립의 땅이었습니다. 오랜 세월 동안 우상의 미신이 가득했던 곳이었습니다.

오늘날 외적으로 제주는 국제자유도시이며, 동북아시아의 요충지이며 평화의 섬입니다. 아름다운 자연을 품고 있는 세계적인 관광도시로 많은 문화를 가지고 있기에 더욱 화려합니다. 그러나 이러한 이면에는 오랜 세월 동안 겹겹이 쌓여있는 배제와 고립, 단절이 채 치유되지 않은 채 많은 외적인 유입이 있어왔다는 것을 인식하여야 합니다. 이러한 이해와 치유가 해결되지 않은 채 이루어지는 유입은 수용과 더불어 저항을 일으키게 됩니다. 이러한 저항의 거친 표현이 바로 '육지'입니다. 제주민에게 있어서 '육지 것'은 그들과 다른 차별적인 용어이며, 저항정신입니다. 그러나 조금만 더 인내심을 가지고 살펴보면 이러한 저항 이면에도 오랜 세월 쌓여왔던 아픔과 상처가 제주도민 가운데 있었다는 것을 알 수 있습니다.

제주는 고립과 단절된 역사를 통해서 그들만의 고유한 문화를 갖게 되었습니다. 이들이 가지고 있는 사고방식과 문화, 기질, 지역 사회의 구조 등을 이해하지 못한다면 장기적이며 본질적인 선교가 불가능합니다. 이들의 문화는 단순한 생활방식이 아닌 하나의 '생존'이었습니다. 그러므로 서로 다른 문화를 이해할 때에 단순한 생활방식으로서의 문화로 접근한다면 제주 문화의 장벽은 너무 두껍고 높게 느껴질 수밖에 없을 것입니다. 그러나 그러한 철옹벽이라고 할지라도 이해하게 될 때에 우리들의 인식에서는 이미 그들 안에 있게 되고 다만 필요한 것은 인내와 기다림입니다.

현재 제주도의 유입 인구는 전체 인구의 약 4분의 1에 해당합니다. 이는 제주도의 복음화율을 매우 높일 수 있는 계기가 되었습니다. 그러나 개신교인의 증가에도 불구하고 제주 토착민에 대한 복음화율은 2~3% 밖에 되지 않음은 매우 충격적인 사실입니다. 제주도는 여전히 선교지입니다. 제주에 대한 근본적인 선교를 위해서는 유입된 그리스도인의 증가가 아닌 현지인들에 대한 선교가 함께 이루어져야 하는 것입니다.

이제 제주 선교를 위해서는 제주인의 역사와 문화에 대한 전반적인 선이해가 있어야 합니다.

궤당문화와 쿰다문화[3]

제주의 민속 문화의 중심에는 궤당문화와 쿰다문화가 있습니다. 크게 이야기해서 '궤당'은 제주도민 자신들의 정체성을 이루며 연대하고 유대하는 내향적인 용어이며 '쿰다'는 외지인들에 대한 제주도민들의 자세와 태도가 어떠한지를 보여주는 외향적인 용어입니다.

먼저 궤당이란 순수 제주어로서, '친족, 친척'을 의미합니다. 그러므로 궤당은 '친족을 총칭하는 개념'이 될 수 있습니다. 제주는 고립과 단절뿐만 아니라 거친 자연환경에 많은 자연재해를 극복하기 위해서 더욱더 강력한 연대와 유대가 필요하였습니다.

궤당문화는 강력한 공동체성을 가집니다. 제주는 섬이라는 특징 속에서 마을이나 이웃 마을에 혈족과 인척이 중첩되는 일이 빈번하게 나타나므로

3　고창진, 「제주 기독교와 선교」(서울: 사자와어린양, 2023), 51-58쪽.

혈연과 지연이 중복되면서 모두가 친척이라는 이해로 발전하였습니다. 겹사돈은 이례적인 일이 아니며, 마을 공동체 가운데 친족 개념인 '삼촌'이 아닌 '삼춘'으로 이웃을 친척의 범위에 포함시킴으로 혈연관계를 더욱 확대시켜 나아가 공동체를 이루었습니다. 이는 한편으로는 마을 공동체에 강한 유대 관계를 가지게 하나 다른 한편으로는 외부에 대해서는 강력한 배타성을 가지게 하였습니다.

궨당문화는 조상숭배와 결합되었으며, 민간신앙과 유교가 혼재되었습니다. 조상은 곧 신격화가 되어 조상숭배가 되었으며 이러한 연대와 의식이 궨당문화를 더욱 결속시켰습니다.

다음으로 쿰다문화는 제주도에 숨어 있는 토속문화 가운데 하나입니다. 제주어에 '드르쿰다'라는 말이 있습니다. '드르'는 '들'을 의미합니다. '드르'의 된소리인 '뜨르'는 '넓은 들판'을 의미하기도 하는데 '드르'는 '들' 혹은 '넓은 들판' 등으로 이해할 수 있습니다. 다음으로 '쿰다'는 '품는다'는 뜻입니다. 따라서 '드르쿰다'는 '들판처럼 품는다'는 좋은 의미로 배려와 포용의 말입니다. 그러나 이러한 좋은 의미가 한편으로는 배려와 존중의 의미가 될 수 있지만 다른 한편으로는 무관심과 냉대를 느끼게 합니다. 거친 의미로 받아들이기를 외부인에게 쿰다는 '알아서 하게 가만히 내버려 두라'라는 냉소적인 용어가 될 수 있는 것입니다. 그러나 이러한 쿰다문화 또한 궨당문화와 같이 타지인을 외부인이 아닌 공존의 대상으로 보는 배려와 포용의 문화로 이해하여야 할 것입니다.

궨당문화와 쿰다문화가 가르쳐주는 것은 무엇일까요? 이러한 문화의 형성 자체가 오랜 세월 동안 이루어진 경험의 산물이며 이는 생존의 반응이었습니다. 그러므로 이러한 문화 속에서 들어가기 위해서는 이해와 더불어 동일한 오랜 세월의 기다림이 있어야 하는 것입니다. 궨당은 매우 배타적이면서도 배타적인 울타리만을 고집하지 않습니다. 삼촌이 아닌 삼촌이 되듯 이 울타리는 유연함을 가집니다. 그러므로 먼저 궨당이 되는 일이 무엇보다도 중요한 일이 됩니다. 복음을 직접적으로 전하는 일은 너무나도 중요한 일임에 틀림이 없지만 온전한 관계가 먼저 선행되어야 하는 것입니다.

외부인들에게 궨당은 너무도 높고 견고한 울타리입니다. 또한 쿰다는 이러한 배타적인 울타리 밖에 있는 사람들에게 냉소적으로 다가옵니다. 중국의 꽌시문화보다도 더 강력한 궨당과 쿰다는 결국 외지인들에게 많은 상처를 남기게 될 수 있는 것입니다. 그러나 이는 제주도민의 본래적인 문화가 아닌 오랜 세월 그들의 생존을 위한 보호장치였습니다.

그럼 앞으로는 어떠한 기대가 있을까요? 시대는 점차 바뀌고 있습니다. 해방 직후 이루어진 1차 유입은 돌아온 제주도민이며, 6.25 때의 2차 유입은 피난처로 다시 돌아갈 자들의 방문이었으나 지금 이루어지는 제3차 유입은 보다 적극적이며, 능동적으로 제주에 대한 매력을 가지고 찾아오는 이들의 자발적인 선택에 의한 것입니다. 유배지로서, 수탈과 고립의 섬으로서의 제주는 옛이야기가 되었으며, 이제는 제주에 형성된 문화가 새롭게 재조정되어야 할 시점이 되었음을 의미합니다. 지혜로운 제주도민들의 또 다른 생존의 의미를 위해서 변화의 시점과 기회가 되었습니다. 당장에 모든 것이 변화될 것이라는 기대는 어렵지만 빠르게 변화하는 세상의 흐름 속에서 어떠한 의미든 제주의 변화 또한 불가피하게 될 것입니다.

탐라와 제주 #제주의 역사

제주의 옛 이름은 '탐라'입니다. 탐라가 제주가 되었습니다. 여기에는 아주 중요한 의미가 담겨 있습니다. 이는 '탐라'와 '제주'의 의미를 알 때에 분명해집니다. 탐라는 단순히 한 지역의 이름이 아닌 '나라'를 의미합니다. 탐라의 '탐'은 '섬'을 의미하며 '라'는 '나라'를 의미하는 말로 탐라라는 말 자체는 '섬나라'라는 의미입니다. 제주는 한 지역으로서가 아닌 독자적인 '나라'로서의 정체성을 가지는 것입니다. 그러면 제주는 어떠한 의미를 가질까요? 제주의 '주'는 한 지역을 뜻하는 말입니다. 전주, 광주, 원주, 경주 등에서 찾아볼 수 있는 바와 같이 '주'는 '큰 고을'을 의미합니다. 그리고 '제'는 '물을 건너다'는 의미로 따라서 제주는 '물 건너의 큰 고을' 정도가 될 것입니다.[4]

---

4   이영권, 『제주역사기행』(서울: 한겨레출판, 2004), 60쪽.

삼성혈은 한반도에서 가장 오래된 유적입니다. 삼신인이 이곳에서 태어나 수렵생활을 하다가 오곡의 종자와 가축을 가지고 온 벽랑국 삼공주를 맞이하면서 농경생활이 비롯되었으며, 탐라왕국으로 발전하였다고 전합니다.

삼성혈의 입구

제주는 개벽신화까지 가지고 있습니다. '고려사'에 의하면 '고을나', '양을나', '부을나'라고 하는 삼신인은 삼성혈에 있는 3개의 구멍에서 솟아 나왔습니다. '삼성혈'은 이 3성씨가 솟아 나온 구멍이라는 뜻에서 비롯되었습니다. 그들은 가죽옷을 입고 사냥을 하며 살고 있었는데, 벽랑국(일본국)의 3 공주를 '연흔포'에서 맞이하여 '혼인지'에서 결혼을 합니다. 공주들이 가지고 온 오곡과 가축을 통해서 수렵사회에서 농경사회로 전환이 이루어졌다고 합니다.

혼인지: 제주특별자치도 기념물 제17호, 혼인지는 탐라국의 시조인 삼신인이 지금의 성산읍 온평리 바닷가에 떠밀려 온 나무상자 속에서 벽랑국 세 공주를 만나 혼인한 곳으로 알려진 연못입니다. 나무 상자가 발견된 해안을 '황루알'이라고 부르는데, 지금도 황루알에는 세 공주가 나무 상자에서 나와 처음으로 발을 디딘 자국이 암반 위에 남아 있다고 합니다.

| 칼 귀츨라프의 꿈

연흔포

　탐라라고 불리기 시작한 것은 삼국시대 즈음이며 신라를 섬기기도 하였습니다. 탐라는 삼국시대까지만 해도 백제 고구려 신라와 교역을 하며 중국과 일본과 수교하기도 하며 독자적인 문화와 역사의 맥을 이어나갔습니다. 지리적인 상황 속에서 비록 예속되었다고 할지라도 실질적인 통치를 하며 독립적일 수 있었습니다.

　이러한 탐라가 제주가 된 것은 고려 때입니다. 행정구역으로 군과 현의 강등과 환원을 반복하다가 결국 탐라가 아닌 제주라 불리기 시작하였습니다. 탐라는 한 나라로서의 자주성과 독립성을 상실하고 고려 정권에 의해서 통제되는 한 '주', 한 지역이 되었습니다. 제주는 그 옛 이름, 본래의 이름부터 한 나라의 자기 정체성을 가집니다. 이제 이러한 정체성에 대한 상실 자체가 하나의 아픔이며, 상처입니다.

역사 속에서 원나라는 잠시 탐라의 이름을 회복시켰습니다. 삼별초의 항쟁 이후 몽골은 탐라총관부를 설치하여 1273년부터 1290년까지 탐라를 직할하고 다루가치(원나라에서 총독, 지사를 호칭하는 직명)를 두어 다스렸습니다. 원나라가 이처럼 제주의 옛 이름을 역사 속에서 다시 소환하여 꺼냄은 제주를 고려의 땅이 아닌 자신들의 다스림을 위한 것일 뿐, 제주의 기상과는 아무런 상관이 없습니다. 그 이름조차 명예롭게 쓰임 받지 못하였습니다.[5]

조선시대의 제주는 어떠할까요? 고려와 달리 조선은 강력한 중앙집권화가 이루어집니다. 삼국시대부터 예속의 시작으로, 고려 때에 제주가 된 탐라는 조선 때에는 더욱 강력하게 지배됩니다. 태종 때에 이미 제주목, 정의현, 대정현의 3읍 체계로 행정구역을 개편하였습니다. 고려 때를 제주라는 명칭과 삼별초로 특징 지울 수 있다면, 조선 때에는 행정 구역의 개편과 더불어 피폐한 생활을 벗어나고자 육지로 향하는 사람들로 인한 급격한 인구감소를 막기 위해 인조 7년(1629년)부터 약 200년 간 있었던 출국금지 정책이 있었습니다. 제주도는 그야말로 창살 없는 감옥이 된 것입니다.

근현대사에서 제주는 4.3의 큰 아픔까지 겪었습니다. 제주의 역사를 알 때에 이는 갑작스런, 낯선 아픔이 아닙니다. 오랜 세월 겹겹이 쌓여온 아픔

---

5   이영권, 『제주역사기행』, 59-61쪽.

Ⅰ 칼 귀츨라프의 꿈

으로 고난의 연속이었습니다. 제주의 아름다움만을 알고 본 사람들에게는 제주의 숨겨진 이러한 아픔은 정말 충격적일 것입니다. 그러나 400년 동안 애굽에서 종살이하였던 이스라엘을 통해서 하나님께서는 구원의 놀라운 역사를 이루신 것처럼 제주가 겪었던 아픔과 어두움의 역사를 결코 헛되게 하시지 않을 것입니다.

이제 오늘 다시 탐라의 이름을 이야기함은 제주의 기상과 자아를 이해하기 위함이며, 이로 말미암아 더욱더 제주다움으로 일깨우기 위함입니다. 탐라는 제주의 가능성이며, 개성입니다. 그러므로 제주에 있어 탐라의 기상은 사라질 것도, 무시할 것도 아닌 승화되어야 할 제주의 본연의 모습입니다. 작은 거인과 같은 제주가 앞으로 복음을 위해서 귀한 일들을 감당해 줄 것을 소원합니다.

에필로그

이렇게 또 한 편의 순례 이야기를 끝내며 나눌 수 있어 감사함이 큽니다. 제주 순례 이야기를 정리했다는 것은 개인적으로는 놀랍고 정말 꿈만 같습니다. 제 인생에 이러한 일이 펼쳐지리라고는 상상하지도 못한 일이었습니다. 대학교 1학년 여름 방학 때에 돈 만 원을 가지고 인천을 떠나 무전여행으로 하나님의 은혜로^^ 제주를 다녀간 적이 있습니다. 목포에서 5백 원이 남았는데도 제주도를 밟을 수 있었습니다. 그러나 이제는 그 길이 순례의 길이 되게 하시고, 누군가의 순례의 길을 여는 역할을 감당하게 하신 것입니다.

아쉬움이 없는 것은 아닙니다. 제주 순례길에 대한 전체적인 지도와 구체적인 위치와 정보를 이 책에 다 담지 못하였지만 제주 순례길에 관한 구체적인 정보는 제주 CBS 홈페이지를 통해서 살펴볼 수 있으며 오늘날 개인적으로 GPS를 통해 다양한 정보를 얻을 수 있으므로 이는 각자에게 약간의 숙제로 남겨두어도 될 듯싶습니다.

현재 제주 순례길은 총 5코스이며 이는 현재 진행 중임을 알게 합니다.

제1코스 전에 살필 수 있는 **제5코스**인 '**은혜의 첫 길**'은 이기풍 목사의 입도로부터 펼쳤던 선교의 길로서 이 책의 프롤로그로부터 03까지 읽으며 도움을 얻을 수 있습니다. 하멜과 칼 귀츨라프를 통한 제주 복음의 서광으로부터 시작하여 자생적 공동체인 이호리 공동체와 김재원, 이기풍 목사의 일대기, 믿음의 동역자들의 이야기 등을 살필 수 있습니다.

　제1코스는 금성교회로부터 협재교회까지의 '순종의 길'입니다. 자생적 공동체인 금성리 공동체를 이루었던 조봉호와 제주 출신의 첫 번째 목회자와 순교자가 된 이도종에 대한 이야기를 전합니다. 김재원은 제중원을 통해서 육신의 치료가 신앙의 매개가 되었다면 독립운동을 하다 옥사한 애국지사 조봉호는 배움의 길이었던 경신학교가 신앙의 매개가 되어 금성리 공동체를 이루고 오늘날 금성교회의 모체가 됩니다. '칼 귀츨라프의 꿈'의 01을 통해서 이를 확인할 수 있으며, 05를 통해서는 이도종 목사님의 일대기를 전합니다. 제1코스를 걸으며 방문하게 되는 한림교회에서는 '칼 귀츨라프의 꿈'의 06의 교회 사랑 나라 사랑 제주 사랑의 강문호 목사의 일대기를 함께 살필 수 있습니다.

　제2코스는 협재교회로부터 이도종 목사의 순교터까지의 '순교의 길'입니다. 협재교회는 모슬포교회의 최정숙의 헌금으로 세워진 이도종의 첫 번째 목회지입니다. 최정숙 성도가 고백하는 구원의 은혜는 우리들이 받은 구원과 다른 구원이 아닌 동일한 구원입니다. 최정숙의 은혜에 대한 응답은 우리들에게 귀한 도전을 줍니다. '칼 귀츨라프의 꿈'의 05에서는 이도종 목사 사역의 처음부터 마지막까지를 살필 수 있습니다.

제3코스는 조수교회로부터 조남수 목사 공덕비까지로 '사명의 길'입니다. 제3코스에서는 '칼 귀츨라프의 꿈'의 07의 산남의 거점 모슬포교회가 중심이 되어 이루어졌던 선교 역사에 대해서도 살필 수 있습니다. 제주 산남 지방의 에바브라가 되어 용수교회, 고산교회, 한경교회, 조수교회 등이 세워짐에 큰 역할을 하였던 김기평에 대한 이야기와 제주 4.3에서 제주의 쉰들러가 되어 많은 생명을 살렸던 조남수 목사의 이야기를 나눌 수 있습니다.

제4코스는 이도종 목사의 순교터로부터 대정교회와 강병대교회, 모슬포 교회를 거쳐 조남수 목사 공덕비까지로 '화해의 길'입니다. 4.3의 희생자가 된 이도종 목사의 순교로부터 많은 생명을 살린 조남수 목사의 일화는 교회의 다양한 사역과 의미를 알게 합니다. 특별히 '칼 귀츨라프의 꿈'의 08의 한국 전쟁과 제주 교회를 살피며 군인 교회인 강병대교회뿐만 아니라 6.25 전쟁이 가지고 온 제주 선교의 변화와 성장에 관하여 나눌 수 있습니다.

아직 구체적으로 만들어지지 않았지만 제주 서부지역뿐만 아니라 동부지역에서 이루어졌던 선교의 역사와 순례길은 조천교회의 천아나를 중심으로 하여서 조천교회, 성읍교회, 법환교회 등을 나눌 수 있으며 '칼 귀츨라프의 꿈'의 04 제주의 한나 천아나의 통해서 도움을 얻을 수 있습니다. 앞으로 복음 전파뿐만 아니라 만세 운동과 나라 사랑의 메시지를 담은 동부지역의 순례길을 기대해 봅니다.

사람을 낚는 어부가 되기 위해서는 사람을 알아야 합니다. 제주 선교를 위해서는 제주를 알아야 할 것입니다. '칼 귀츨라프의 꿈'은 제주가 세계 선교의 기지가 될 것을 꿈꾸지만 이는 먼저 제주 선교가 전제되어야 이루어질질 수 있는 꿈입니다. 제주를 알기 위해서는 '칼 귀츨라프의 꿈' 10의 제주의 역사 문화 이야기를 살피며 '삼성혈', '연흔포', '혼인지' 등을 돌아볼 것을 제안하며, 제주의 아픔의 역사와 더불어 궨당문화와 쿰다문화의 이해함을 가져야 할 것입니다.

'칼 귀츨라프의 꿈'은 단지 꿈이 아닌 현실이 이미 되었습니다. 칼 귀츨라프의 꿈은 이루어지지 않았지만 그의 꿈은 하나님의 꿈의 되어 오늘날 우리들이 보게 되었습니다. 많은 선교 단체와 사역들이 제주를 중심으로 이루어지고 있습니다. 다만 이 책에 다 담지 못한 것은 선교의 보안의 문제와 관련됨으로 최소한으로 전하였습니다. '칼 귀츨라프의 꿈'의 09에서는 세계 선교의 전진 기지로서의 제주 교회에 관하여 전합니다.

마지막으로 제주도는 육적인 쉼과 회복뿐만 아니라 영적인 쉼과 회복으로서도 유익합니다. 앞선 순례길에 추가적으로 가장 작은 교회인 순례자의 교회, 노아의 방주를 연상케 하는 물 위에 떠 있는 교회인 방주교회를 방문하거나 천주교의 성지인 '새미 은총의 동산'을 방문하며 영적인 재충전을 얻을 수 있습니다.

강화편에 이어 제주편이 나옴은 순례 이야기가 앞으로도 계속될 것을 기대하게 합니다. 강화에 아무런 연고가 없었던 자를 통해서 강화 순례 이야기를 전하게 하시고, 이제 상상하지도 못한 제주 순례 이야기를 외지인을 통해서 나누게 하셨습니다. 앞으로도 제주와 더 많은 소통을 통해서 제주를 알아가고, 제주를 축복하며, 제주가 더욱 귀하게 쓰임을 받기를 기도합니다.

세상에서 제일 작은 '순례지의 교회'(제주시 한경면 일주서로 3960-24)

| 경계에 선 사람들

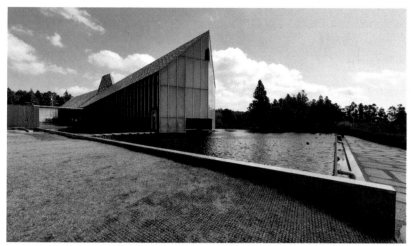

방주교회. 건축가 이타미 준이 노아의 방주에서 영감을 받아 지은 건축물로 마치 교회가 물 위에 떠 있는 것과 같습니다. 예배를 드릴 때에 맞바람이 불면 마치 교회라는 배가 앞으로 전진하는 듯합니다. 건축의 아름다움 뿐만 아니라 교회 내부 또한 성스럽습니다(제주 서귀포시 안덕면 상천리 427번지).

새미 은총의 동산. 많은 말이 필요 없고 다만 한번 꼭 방문하시길 권합니다(제주시 한림읍 새미소길 15).

참고문헌

- 고창진.『제주 기독교와 선교』. 서울: 사자와어린양, 2023.
- 김인수. 『한국기독교회의 역사』. 서울:장로회신학대학교 출판부, 1997.
- 김인수, 박정환,『한국교회 첫 선교지 살리는 공동체 100년: 제주성안교회 100년사』. 제주: 제주성안교회, 2010.
- 김인주(편).『제주기독교 100년사』. 대한예수교장로회 제주노회, 2016.
- 김인주(편).『제주교회 인물사1』. 제주: 대한예수교장로회 제주노회, 2013.
- 김윤영.『아프가니스탄, 그 50일 간의 여정』. 성남: 빛나는새벽별, 2010.
- 김창현,『이기풍 목사의 선교와 신학: 제주 선교를 중심으로』. 한남대학교 학제신학대학원 목회신학과 석사학위논문, 2015.
- 『그리스도회보』. 1912. 2. 29.
- 『남제주의 문화유산』. 남제주문화원. 2006.
- 대한예수교장로회교회사-총회창립 90주년 기념 발간.
- 박인찬.『이기풍 선교사의 리더쉽 연구』. 총신대학교 선교대학원 석사학위논문, 2002.
- 박용규.『제주기독교회사』. 서울: 한국기독교사연구소, 2017.
- 박형우(편역).『근대한국 42년 1893∼1935(下)』. 서울: 청년의사, 2010.
- 박정환.『제주도 개신교 자생적 신앙공동체의 생성과 성장에 관한 연구: 1904~1930』. 장로회신학대학교 대학원 박사학위논문, 2013.
- 심재영. 김형완.『군산제일100년사』. 전북: 군산제일고등학교 총동문회, 2012.
- 신혜수.『기적이 상식이 되는 교회: 제주법환교회 100년사』. 제주: 제주법환교회, 1917.
- 이도종목사기념사업회.『제주 제1호 목사 이도종의 생애와 순교』. 제주: 대한예수교장로회 제주노회, 2001.

- 이수환.『이수정 선교사 이야기』. 용인: 도서출판 목양, 2012.
- 이승하.『이 사랑을 아십니까? 3』. 서울: 쿰란출판사, 2023.
- 이덕주.『눈물의 섬 강화 이야기』. 서울: 대한기독교서회, 2002.
- 이영권.『제주역사기행』. 서울: 한겨레출판, 2004.
- 임경묵.『경계에 선 사람들』. 인천: 도서출판 다바르, 2022.
- 옥성삼.『한경교회 100년사』. 제주: 한경교회, 2020.
- 이형우.『모슬포교회 100년사』. 제주: 모슬포교회. 2009.
- 조남수.『조남수 목사 회고록』. 서울: 선경도서출판, 1987.
- 전택부.『토박이 신앙산맥, 2』. 서울: 대한기독교출판사, 1982.
- 제주선교 100주년 기념 제주노회 연혁 출판위원회.『제주노회 연혁』. 제주: 한국기독교장로회 제주노회. 2008.
- 차종순. "이기풍 목사의 생애와 사역."『신학이해 제15집』, 광주: 호산신학대학교 출판국 1997.
- 홍창표(편).『제주영락교회 60년사』. 제주: 제주영락교회. 2012.
- C. Trollope. "Mark Trollope". London: SPCK, 1936.
- Samuel A. Moffett, "Early Days(part Ⅰ)". The Korea Mission Field, vol. 37, January, 1936.

칼 귀츨라프의 꿈

초판인쇄일 _ 2024년 4월 20일
초판발행일 _ 2024년 4월 20일

펴낸이 _ 임경묵
펴낸곳 _ 도서출판 다바르

주소 _ 인천 서구 건지로 242, A동 401호(가좌동)
전화 _ 032) 574-8291

지은이 _ 임경묵 목사
　　　　연세대학교 신학과 졸업
　　　　장로회신학대학교 신대원 졸업(M.Div.)
　　　　장로회신학대학교 대학원 졸업(Th.M.)
　　　　현) 주향교회 담임목사
　　　　현) 다바르 말씀 사역원 원장

기획 및 편집 _ 장원문화인쇄
인쇄 _ 장원문화인쇄

ISBN 979-11-93435-07-6(03230)